ケアの改善・統一に役立つ

事例でわかる **24H（じかん）シート活用ガイドブック**

一般社団法人日本ユニットケア推進センター　監修

中央法規

はじめに

　ある友人からこんな話がありました。
　「うちの娘は、アパレル関係の仕事をしているのだけど、学生の時から子ども服売り場でアルバイトをしていたの。その時、お店に来てくれたお客さんの、どのサイズ（お子さんの大きさ）のどんな服を、何色が好きか…などというリストを全部作成していたの。次に来てくれたときには、どのくらいの大きさになっているかすぐわかるし、購入する品の傾向もわかるようにしていたみたい」

　どんな仕事も、情報（根拠）がないと成立しません。ましてや対人援助の仕事となれば、「相手に教えていただく」ことは原則です。受け手側も、「○さん、こんにちわ」と名前を呼んでくれた、このような些細な一言で「私のこと覚えてくれていた」とほっする安心感を誰もが経験があると思います。対人援助の仕事はここから始まるのではないでしょうか。

　情報をとり共有する、そのツールとして「24Hシート」があります。その情報とは、一体何をとったらいいのでしょう。ただ、その人を知るためにとるのでしょうか？　いいえ、私たちの仕事は、要介護者の「暮らしの継続のサポート」です。「どのように暮らし続けたいのか？」このことを伺い、サポート内容を共有するために「24Hシート」があります。「24Hシート」は、私たちが向かうべき理念を具体的に実践するためにあるのです。

　「24Hシート」を作成すると、次のような活用ができます。
　BPSDが見られる時は…？　終末期の時は…？　理念を浸透させるためには…？　効率のよい動きをするシフトを作成するためには…？　多職種が協働するためには…？　職員教育には…？　備品の適正化には…？…。

　「ケース・バイ・ケース」
　サポートの仕方は、誰一人として同じことはありません。施設運営、どの施設も同じにできるはずがありません。しかし、この対応ができてこそ、プロです。それには、情報量の多さは大切です。
　皆さんが、それぞれのプロになる一助として、「24Hシートの事例集」を作成しました。筆者それぞれが介護現場で悩み、葛藤した具体的な事例です。お役に立つことをお約束いたします。

　　　　　　　　　　　　　　　　　　　一般社団法人日本ユニットケア推進センター　センター長
　　　　　　　　　　　　　　　　　　　秋葉都子

ケアの改善・統一に役立つ
事例でわかる **24H(じかん)シート活用ガイドブック**

目次

はじめに

第1章 24Hシートでケアが変わる、施設が変わる……7

- 尊厳ある生き方……8
- 現状からみる暮らし方の選択……9
- 暮らしの場としての施設……12
- その人らしい暮らしとは……14
- 24Hシートの目的と意義……15
- 24Hシートの理論……16
- 24Hシートと記録の活用……19
- 24Hシートを作成するためのアセスメントの視点……25

第2章 入居者の生活支援への活かし方……29

① **BPSDが顕著な人への活用**……30
　●特別養護老人ホーム「晃の園」(静岡県静岡市)

② **寝たきりで意思の疎通が困難な人への活用**……40
　●特別養護老人ホーム「真寿園」(埼玉県川越市)

③ **リスクマネジメントへの活用**……48
　●特別養護老人ホーム「清明庵」(北海道札幌市)

④ **特に生活上の意向がない人への活用**……56
　●特別養護老人ホーム「桜の郷　元気」(茨城県茨城町)

⑤ **失語症の人への活用**……66
　●特別養護老人ホーム「花友にしこうじ」（京都府京都市）

⑥ **生活行為に困難がある人への活用**……76
　●医療法人笠松会「有吉病院」（福岡県宮若市）

⑦ **終末期の人への活用**……88
　●特別養護老人ホーム「ゆうらく」（鳥取県南部町）

第3章　チームケアへの活かし方……99

① **24Hシートの一覧化からみえるもの**……100
　●特別養護老人ホーム「天恵荘」（長崎県諫早市）

② **ケアの無駄を省く**……106
　●特別養護老人ホーム「ちょうふ花園」（東京都調布市）

③ **職員のシフトの効率化**……118
　●特別養護老人ホーム「杜の風」（宮城県富谷町）

④ **ケアの統一化**……128
　●特別養護老人ホーム「せんねん村」（愛知県西尾市）

⑤ **チームで情報共有するための言語の統一**……136
　●特別養護老人ホーム「一重の里」（宮城県仙台市）

第4章　施設の運営への活かし方……145

① **施設運営の課題への活用**……146
　●特別養護老人ホーム「天神の杜」（京都府長岡京市）

② **理念の浸透・職員教育の
ツールとしての24Hシート**……152
　●特別養護老人ホーム「くわのみ荘」（熊本県熊本市）

③ **教育ツールとしての活かし方**……156
　●特別養護老人ホーム「高秀苑」（大阪府八尾市）

④ 排泄用品を中心とした物品の適正化 ……164
●特別養護老人ホーム「三好園しんざ」（新潟県十日町市）

第5章　24Hシートの可能性 ……173

① グループホームでの活用 ……174
●きのこ老人保健施設（岡山県笠岡市）

② ショートステイでの活用 ……182
●特別養護老人ホーム「至誠キートスホーム」（東京都立川市）

③ デイサービスでの活用 ……190
●八色園デイサービスセンター（新潟県南魚沼市）の実践

おわりに

執筆者一覧

第1章
24Hシートでケアが変わる、施設が変わる

尊厳ある生き方

> **もしも、あなたが介護を必要としたとき**
>
> あなたが暮らしの中で最も大切にしたいことは何ですか？
> あなたは暮らしの中でどんなときに幸せを感じていますか？
> そしてその価値観を大切にするために、
> あなたは何をしてほしいですか？

　人生の最期まで、個人として尊重され、その人らしく暮らしていくことは誰もが望むものです。このことは、介護が必要となった場合でも同じであり、個人として尊重されたい、理解されたいという思いがあるはずです。そうした思いに応えるためには、自分の人生を自分で決め、また、周囲からも個人として尊重される社会、すなわち尊厳を保持して生活を送ることができる仕組みを築きあげていくことが必要です。

　高齢者介護においても、日常生活における身体的な自立の支援だけではなく、精神的な自立を維持し、高齢者自身が尊厳を保つことができるような「自律※」を基軸としたサービスの提供が必要です。介護保険制度は「自立支援」を目指すものですが、その根底にあるのは「自律」であり、このことが「尊厳の保持」に通ずるものであると考えます。

　介護保険制度が施行されてから12年が経過した今日、制度本来の理念に沿って期待していた成果を上げているでしょうか。これまでのケアの実情を踏まえ、検証を行い、これから私たちが直面する高齢者介護のあり方を考えていく必要があるでしょう。

※他からの支配・制約などを受けずに、自分自身で立てた規範（判断・評価・行為などの基準）にしたがって行動すること

現状からみる暮らし方の選択

> **もしも、あなたが介護を必要としたとき**
>
> あなたは、どこで暮らしたいですか？
> あなたは、どのように暮らしたいですか？
> そしてその価値観を大切にするために、
> あなたは何をしてほしいですか？

「日常生活を送る上で介護が必要になった場合に、どこで介護を受けたいか」と、住まいの形態に関して内閣府が行った調査（**図表1-1**）では、「自宅で介護してほしい」と思う高齢者は、約4割が、介護が必要になっても現在の自宅での生活を継続することを望んでいました。「介護老人福祉施設に入所したい」、「病院などの医療機関に入院したい」、「介護老人保健施設を利用したい」と、施設入居を希望する人はそれぞれ約2割に満たないのが現状です。

図表1-1 介護を受けたい場所

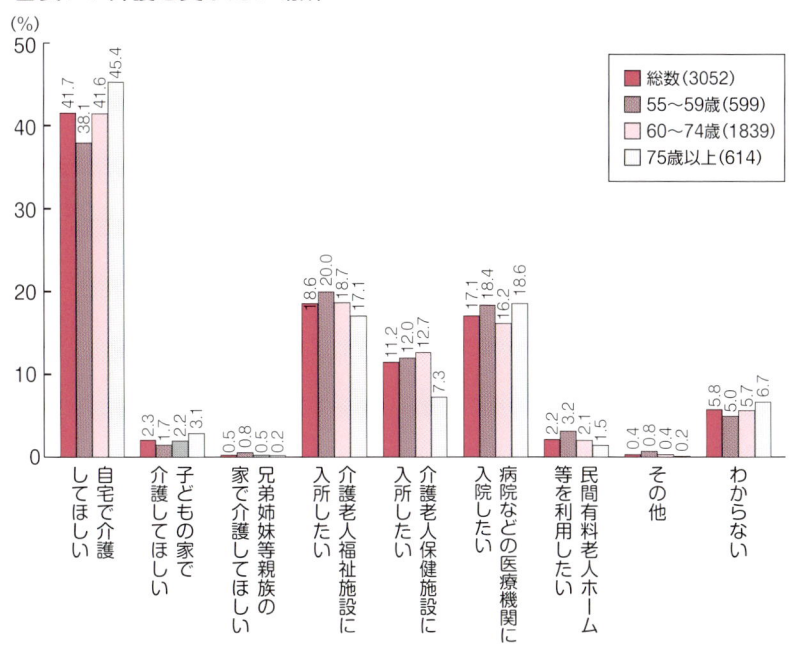

項目	総数(3052)	55～59歳(599)	60～74歳(1839)	75歳以上(614)
自宅で介護してほしい	41.7	38.1	41.6	45.4
子どもの家で介護してほしい	2.3	1.7	2.2	3.1
兄弟姉妹等親族の家で介護してほしい	0.5	0.8	0.5	0.2
介護老人福祉施設に入所したい	18.6	20.0	18.7	17.1
介護老人保健施設に入所したい	11.2	12.0	12.7	7.3
病院などの医療機関に入院したい	17.1	18.4	16.2	18.6
民間有料老人ホーム等を利用したい	2.2	3.2	2.1	1.5
その他	0.4	0.8	0.2	0.2
わからない	5.8	5.0	5.7	6.7

出典：内閣府「高齢者の健康に関する意識調査」（平成19年）

> **もしも、あなたが介護を必要としたとき**
>
> あなたは、最期をどこで迎えたいですか？
> あなたは、最期をどのように迎えたいですか？
> そしてその価値観を大切にするために、
> あなたは何をしてほしいですか？

　このような現状の中で、「最期を迎えたい場所」として、どこで最期を迎えたいかについての問いに対しては、「自宅」が54.6%で最も多く示されています（**図表1-2**）。しかし、実際は逆の数字を示し、「病院」が77.9%、「自宅」は12.6%の現状があります（**図表1-3**）。

　「自宅で最期まで療養することが実現困難な理由（複数回答）」についてみると、「介護してくれる家族に負担がかかる」が最も多く約80%となっており、次いで「症状が急変したときの対応に不安である」が50%強と示されています（**図表1-4**）。

　「自宅で介護してほしい」「入居したくない」と思う反面、介護の

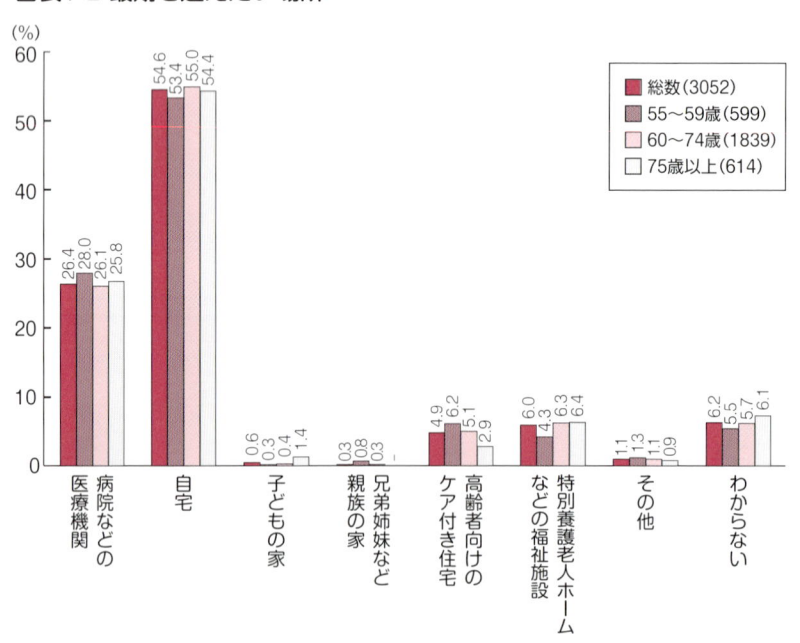

図表1-2 最期を迎えたい場所

場所	総数(3052)	55〜59歳(599)	60〜74歳(1839)	75歳以上(614)
病院などの医療機関	26.4	28.0	26.1	25.8
自宅	54.6	53.4	55.0	54.4
子どもの家	0.6	0.3	0.4	1.4
兄弟姉妹など親族の家	0.3	0.8	0.3	—
高齢者向けのケア付き住宅	4.9	6.2	5.1	2.9
特別養護老人ホームなどの福祉施設	6.0	4.3	6.3	6.4
その他	1.1	1.3	1.1	0.9
わからない	6.2	5.5	5.7	6.1

出典：内閣府「高齢者の健康に関する意識調査」（平成19年）

負担や急変時の対応など、社会的背景や身体的・精神的側面から、最終的には、施設に入居するという選択をしているということを考えざるを得ないことがうかがえます。

図表1-3 死亡場所の機関

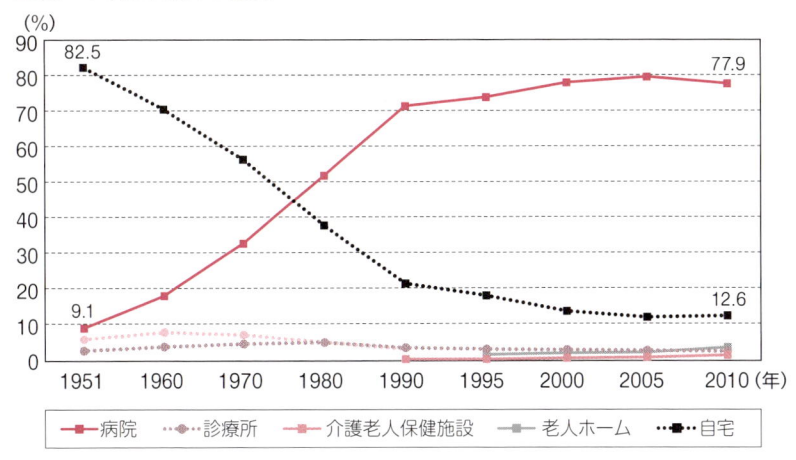

(%)
病院：1951年 9.1 → 2010年 77.9
自宅：1951年 82.5 → 2010年 12.6

凡例：病院／診療所／介護老人保健施設／老人ホーム／自宅

出典：厚生労働省「人口動態統計」

図表1-4 自宅で最期まで療養することが実現困難な理由

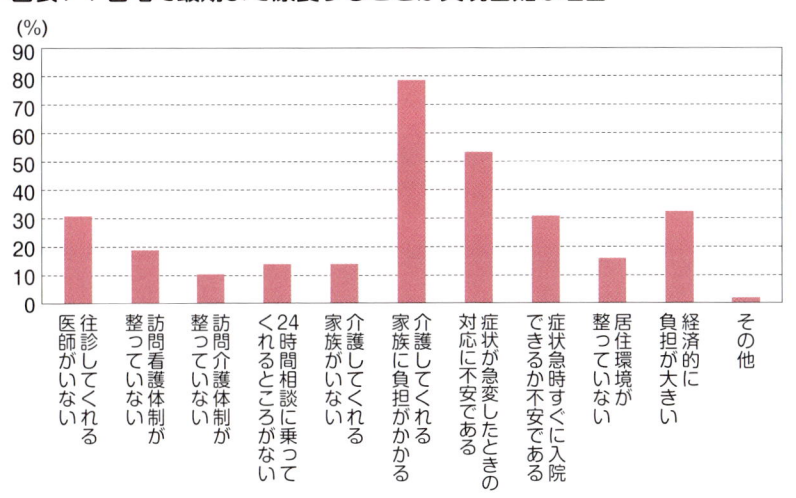

- 往診してくれる医師がいない
- 訪問看護体制が整っていない
- 訪問介護体制が整っていない
- 24時間相談に乗ってくれるところがない
- 介護してくれる家族がいない
- 介護してくれる家族に負担がかかる
- 症状が急変したときの対応に不安である
- 症状急変時すぐに入院できるか不安である
- 居住環境が整っていない
- 経済的に負担が大きい
- その他

出典：厚生労働省「終末期医療に関する調査」（平成20年）

自宅のような環境を求める中で

| 自宅で暮らしたい
介護を受けたい | ≠ | 家族に迷惑かけたくない
急変時の不安 |

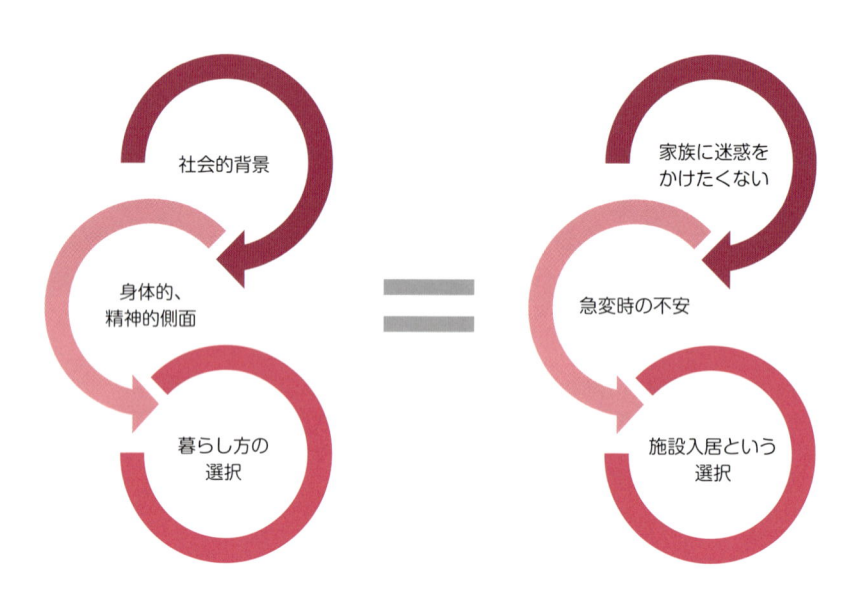

社会的背景
身体的、精神的側面
暮らし方の選択

＝

家族に迷惑をかけたくない
急変時の不安
施設入居という選択

暮らしの場としての施設

■時代とともに変化してきた高齢者施設

　戦前よりあった、救済的位置づけの老人ホームは、戦火で荒廃した国民の生活の混乱の中で、生活のすべを失った高齢者を中心に、生活に困窮した人々を緊急救済的に保護する必要から、再建は急務とされました。

　時代の変化とともに、人々の暮らしは豊かさを増し、救済的に保護していた施設では目的が見直され始めるなど、施設収容支援から在宅支援の方向転換を図るなどし、あわせて、介護を必要とする高齢者が、健康な高齢者と同じく生活をともにすることは困難であることから、1963年の老人福祉法の施行とともに、高齢者施設は特別養護老人ホームが誕生しました。

老人ホームの歴史と世の中の変遷

戦後		
焼け出された人	とにかく収容する	何もない時代

↓

1963年			
特別養護老人ホームの誕生	病院をモデルに	多床室・大食堂一斉のケア	新幹線の開通 冷蔵庫、洗濯機、自家用車が各家庭にはない

↓

2002年		
ユニット型施設の誕生	個室・少人数介護・個別ケア	1人に1台の電話 1軒に数台のテレビ、自家用車

■介護現場の小さな改革

　こうした歴史的変遷の中で、高齢者施設の介護現場では、小さな革命が起きていました。まず、高齢者一人ひとりの状態にあわせたケアを提供する試みとして、入居者を小グループに分け、介護職員をグループごとに配置し、在宅に近い居住環境を整え、ケアの個別性を高める取りみが行われ始めたのです。いわゆる「ユニットケア」の前身です。

　9〜11頁で示したように、世の中の人は自宅のような施設で安心して住み続けたいと思っています。

　一人ひとりの暮らしや思いに寄り添い、そこに価値を見出し応えていくこと、施設に入居しても「ここに来て良かった」と感じてもらうことが私たちの役割であり、目指そうとしてきた介護の進むべき方向に他ならないのです。

　これまでの自宅か施設かという介護サービスの体系に加え、自宅から移り住む「住まい」で介護サービスを受けるという新たな分野が広がりつつあること、約50年続けられてきた集団処遇が一般的な施設サービスでユニットケアの取り組みが広がりをみせていることは、個人の生活、暮らし方を尊重した介護が広がりつつあることを示しております。そうした観点からも、介護サービスのあり方を見直すことが求められているのではないでしょうか。

その人らしい暮らしとは

これまで、私たちは一つひとつの生活行為そのものに目を向け、ケアの技術と効率を追求していくことに重きを置いてきました。その結果、介護技術は向上する一方、一律にケアをすることに合理性を覚え、ケアが提供されてきました。しかし本来、人の暮らしは皆同じではないはずです。その"同じではない"ことを理解した上で、一人ひとりの暮らしに視点を置くべきだったのではないでしょうか。

■生活行為一つとっても違う

例えば、食事について情報を得る際に、「好きな物・嫌いな物・禁食は?」と確認をしてきませんでしたか。しかしこれは、介護する側の視点に立った確認といえるのではないでしょうか。

自分の暮らしにあわせて「食事」を思い出してみましょう。

食事は、1日何回食べていますか?/おおよそ何時くらいに食べたいですか?/どこで食べたいですか?/主食は主に何ですか?/どんな飲み物が好きですか? など

この答えは、誰一人同じではありません。人それぞれ習慣やこだわりがあるのではないでしょうか。

■すべてが毎日同じことの繰り返しだけではない

すべてが知り得た情報のとおり、毎日少しの狂いもなく暮らしが展開するわけではありません。習慣やこだわりに対する価値は大きく変わるわけではありませんが、その日の体調や気分で変化するこ

【目に見えるメリット】	【目に見えないデメリット】
・見る人によってのばらつきや解釈の差をなくせる ・対策を要する時に、必要なように見える ・タイミング良く対策が打てる	・それぞれの価値観やイメージで物事を解釈する ・問題を問題ととらえない ・急ぐ対策も、その時点で見えない ・タイミングを逃す
↓	↓
・ケアのばらつきを防げる ・何が必要なケアなのかがわかる ・リスク対策が整えられる ・変化に気づきやすい ・急な応援要請に対応可　　　　　など	・個人差=ケアのばらつき ・場当たり的なケア ・変化に気づきにくい ・リスク対策が立てにくい ・事故の検証がしにくい　　　　　など

とがあることを理解する必要があります。

みなさん自身の暮らしにおける「食事」を思い出してみてください。例えば、いつもは「ご飯」を食べていても、その日はたまたま「パン」が食べたくなることはありませんか？

■職員がもつケアの価値観

人は、暮らしの中で、自分の価値観やイメージで物事を解釈しがちです。それは、経験・知識・性格・嗜好・願望・期待・育ち等をベースに、気分や体調などで判断するからです。

みなさん自身の経験を思い出してみてください。

例えば、1人の高齢者に複数の職員で携わるとき、必要とする介護を同じようにとらえていたでしょうか。自立・一部介助・全介助・見守り・様子観察…。

個人の思い込みや価値観による解釈の差をなくすために、知り得た情報を文字にして「見える化」することで相違に気づき、その相違を互いに認めることで、抽象的で主観的な事項が、客観性を帯びる具体的な情報につながっていきます。

暮らしの継続につながる快適さの基準は、人々の価値観や環境の変化とともに変わります。私たちに求められることは、高齢者の暮らしの変化をいかに細かくとらえながら、潜在的なニーズを発見し、対応するかです。そのため、暮らし方に関する詳細な情報を知り得ることは、その変化をとらえる機軸となり、無駄をなくし、必要に応じた的確なケアの提供につながります。これらを可能としたものが24Hシートであり、人の暮らしは皆同じではないことの真偽を明らかにすることができるでしょう。

24Hシートの目的と意義

24Hシートとは、介護を必要とする人の暮らしの継続を保障するためのツールの一つです。

「高齢者の尊厳を支えるケア」を確立していくためには、高齢者の暮らしの現状を理解する必要があります。さらに、そこから高齢者の「暮らしの継続」をサポートするために、具体的に何をすべき

か、その方策を講じていかなければなりません。

　これまで、ケアの視点は、食事・排泄・入浴など、行為そのものに目が向けられ、それに伴う結果に対する対処方法が導き出されてきました。しかし、目の前に映し出される行為のみに着目するのではなく、1日の暮らしに目を向け、高齢者がどのような暮らしを望み、それを実現するために何をサポートすればよいのかに着目しなければ、「暮らしの継続」をサポートすることはできないのです。

■1日の暮らしの視点に置くということ

　暮らしとは、1日1日を過ごしていくことであり、「暮らしの継続」とは、その日々の積み重ねです。24Hシートは、この「1日＝24時間（時間軸）」にケアの視点を置き、暮らしを「1日＝24時間」とすることで、高齢者の暮らし方の全体像をとらえています。

※目標：そこに行き着くように、またそこから外れないように目印とするもの。行動を進めるにあたって、実現・達成を目指す水準

※継続：前から行っていることをそのまま続けること。また、そのまま続くこと

ケアの目標※：「暮らしの継続※」

ケアの視点：「1日(24時間)の暮らし」

24Hシートの理論

　24Hシートは、24時間の時間軸に基づいて、その時間帯をどのように暮らしたいのかを知り、何をサポートするかを目に見える形にできるツールです。

　24Hシートの理論は、書式の項目設定に表されています。高齢者の暮らしの現状を、明確に定義された概念を用いて、知り得た情報を決まった項目に落とし込むことで、暮らし方を統一的に説明しています。また、そこから考えられるリスクや身体的・精神的変化の予測を可能とする体系的な構成になっており、さらに事項の相互の関係に対する予測や仮説を組み合わせることによって、一般的な考え方などから個別の事項を導き出し、それにつながる具体的なケアを考えることもできます。

図表1-5　24Hシートの構成

時間	生活リズム	意向・好み	自分でできる事	サポートの必要な事
0:00				
～～～	～～～	～～～	～～～	～～～
7:00〜7:20	○目覚め ・テレビを観る ・電気をつける	・目が覚めてもベッドに15分ぐらいは入っていたい	・テレビ、電気をつける	・7時15分ぐらいに、起きるかどうか声をかけて確認する。
	・起きる		・身体を起こす ・座位保持 ・車いすに移る	・朝は立ち上がりが不安定なことが多いので、座るまで腰部を手で支える
	・トイレ	・起きたらすぐにトイレに行きたい	・車いすに移る ・手すりにつかまり立ち	・ズボンを下げる ・尿取りパッド交換 ・ズボンを上げる
	・着替え	・朝食時は寝衣にカーディガンを羽織りたい	・着替え（上衣のみ）	・どのカーディガンを着るか確認する声かけ ・ズボンの交換をする
	○洗面 ・顔を拭く ・歯磨き ・髪を整える	・湯で絞ったタオル ・歯磨き粉は特定の銘柄 ・うがいはぬるま湯で	・顔を拭く ・歯磨きとうがい ・整髪	・湯に濡らしたタオルを絞り手渡す ・うがいの声かけ ・カーテンを開ける
	・リビングに行く		・テレビ、電気を消す ・リビングまで自走する	
7:30	・リビングでテレビを観ながら、牛乳を飲む	・ニュース番組が観たい ・温かい牛乳が好き	・テレビをつける ・牛乳を飲む	・テレビのリモコンを手元に置く ・レンジで牛乳を温め、手元に置く

■時間

ここでは、時間軸を0～24時とします。

> ●要介護者の1日の暮らしぶりに介護の視点を合わせることができる
> ●1日24時間の中で身体的・精神的変化を知ることができる

■生活リズム（暮らしぶり）

　生活リズムとは、時間による生活行為を指します。したがってここでは、日々のおおよその暮らし方の見当をつかむことができます。1日の生活行為の全体像を知ることは、自律的な日常生活を尊重することであり、暮らし方や生きかたの理解につながります。

- その時間帯をどのよう過ごしているのかを具体的に把握することができる
- 行動や判断の基準になるものを知ることができる

■意向・好み

　意向とは、本人が、どうしたいか、どうするつもりかという心の向かうところを指します。したがってここでは、1日の生活行為に対する思いや考え、価値を理解することにつながります。暮らしを継続してもらうためには欠かせない項目です。

- 生活行為ごとの本人の意向や好みを知ることができる
- 職員の思いや感覚に頼らないケアができる

■自分でできる事

　介護の目的は、自立支援です。したがってここでは、自分でできることは何か、現状の身体・精神的状況を把握し、行為や動作をするうえでどれほどの可能性があるのか見出すことにつながります。

- 時間帯による身体的・精神的変化を知ることができる
- 介護の視点を、その人のもつ「強み」や「できること」に向けることができる

■サポートの必要な事

　サポートとは、支えること・支持・支援することを指します。したがってここでは、本人が望む暮らしぶりを実現するために、知り得たあらゆる情報を多角的な視点から総合的にアセスメントし、もっている力を最大に発揮できるサポートの方法を導き出します。

- 各職種の専門的知識、観察力、予測力、分析力からなる情報の整理ができる
- 多職種間で、情報の共有と認識が図れることで、共通の理解につなげることができる

　24Hシートは、高齢者がこれまでの暮らしが継続できることを保障するための1つのツールです。かかわるすべての職種が、ケアの目標と視点をとらえた上で、それぞれの専門性と価値を尊重し、連携・協働することにより、組織力を高めることにもなります。入居者の1日の暮らしに目を向けること。それがすべてのヒントにつながるでしょう。

24Hシートと記録の活用

　私たちの仕事は「暮らしのサポート」です。そのために24Hシートで情報を共有し、この情報（見積り）に基づき、サポートを実践します。その結果を文字に表し（ケース記録）、仕事を1つの形として表すことができます。

　ここでは、記録と24Hシートの連動の仕方、そこから見えてくるものについて、これまでの「記録」の実態から整理します。

■記録の役割

　記録の役割は大きく2つあります。1つは仕事の成果を表わすこと、もう1つは、情報の伝達・共有です。また、仕事の成果や情報を口頭で伝えることは、コミュニケーションの力が加わり、それは良いことです。しかし、この場にいない場合や他の人に代わりに伝える時には、伝える情報が微妙に変わっていたということがあります。人の記憶はいい加減です。特に日々、当たり前に接しているものに対しては、"いつもの"という「慢心」な思い込みの見方をしてしまいます。その思い込みも人によって違います。

　例えば、入居者の意向・好みを"固定概念"でとらえて支援を続けてはいないでしょうか。情報を知り得た時点で、それが意向や好み

であっても、身体状況・環境・心境の変化などで変わるものではありませんか。

このような変化をとらえるためにも、日々の当たり前の情報こそ、文字にして表す（記録に残す）ことが重要となります。

■これまでの記録の課題

介護現場では、記録物に関する悩みは、**図表1-6**に示すとおりです。その1つとして、記録する種類の多さが挙げられます。特に生活行為や業務行為のチェック表が多数存在し、それを各部署で保管していました。そのため、入居者の情報が錯綜し、情報の共有ができておらず、結果として、必要な時に必要な情報が得にくく、チームとして統一したケアができていませんでした。

職種ごとの記録（例）

介護職：ケース記録／看護師：看護記録／管理栄養士：栄養記録／生活相談員：相談記録　など

【チェック表（例）】

排泄チェック表／バイタルチェック表／食事チェック表／水分摂取チェック表／入浴チェック表／リネン交換チェック表　など

図表1-6　記録の課題

記録の課題・原因	要因
●職員の収集する情報量に差 ・ケアの目標・視点が示されていない ・観察の視点の違い ・課題解決型の視点 ・仕事の成果としてのみの記載 ●職員の記録の書き方にばらつき ・表現方法の違い ・記録に時間がかかる ・誤字脱字　など	・記録の意義を深く理解するに至らなかった ・ケアの目標・視点が示されていなかったため、記録には何を書けばいいか、共通理解がされていない ・今までの課題解決型の視点で入居者をとらえようとしていた ・自分たちの仕事の成果を記録に示すことで、入居者本位の視点になっていなかった。内容の重複

■記録と24Hシートの連動

　24Hシートに基づくケアの実践を、24時間軸に沿ったケース記録に記載することで、24Hシートに落とし込まれた情報（見積り）に対して、実際どうだったのかを客観的に評価しやすくなります。

　特に、24Hシートの「サポートの必要な事」は入居者のニーズに沿ってしたかをケース記録から分析することができます。その際、ケース記録に何を書けばいいのか明確に示す必要があります。

　これまで、記録はいつもと違うことを書くように指導されてきた経緯があると思います。そのため「特変」「特記」というタイトルのもと、日常との違いが発生した際にその出来事が記録に残されてきました。

　しかしこれでは、業務主体の介護側の視点でしかありません。記録とは、入居者の1日の暮らしに視点を合わせ、その暮らしぶりを書くことで、暮らしの継続につなげていくことになります。ケース記録1枚見れば、入居者が1日をどのように暮らしたかがわかり、日常の暮らし方と変化があった時の両方の記録を書いてこそ、日常の暮らしのサポートの妥当性が見えてきます。

　また、介護・医療・栄養などにかかる基本的な専門知識、観察力、予測力からなる入居者の情報が日々の記録に残されていることも重要です。そのうえで、24Hシートの妥当性を専門的な視点から評価します。入居者の日々の暮らしの詳細な情報を記入するための書式が一元化されていることで、情報の認識の違いを防ぎ、共有・伝達が容易にもなるでしょう。

図表1-7 24時間軸に沿った記録（例）

平成　年　月　日

時間	24Hシート	時間	生活リズム	生活支援	基本介護	健康	今日の出来事（エピソード）
0:00							
1:00							
2:00							
3:00							
4:00	目覚める						
5:00	起きる ・着替え ・洗面						
6:00							
7:00	リビングで朝食						
8:00	新聞読み						
9:00	トイレ						
10:00	お茶のみ						
11:00	散歩						
12:00	昼食準備 昼食						
13:00	トイレ 食後のコーヒー						
14:00	お風呂						
15:00	昼寝						
16:00	リハビリ						
17:00	トイレ						
18:00	夕食準備						
23:00							

主観的情報

- 24Hシートのデータに照らし、その日の現状を記録
- 支援前・間・後の内容・その時どのような反応や意向を示したのかなど、認識、行為、評価などを行った意識の働きを記録　など

客観的情報

- 疾患/既往歴/薬剤の影響の有無/バイタルサイン・排泄パターン・睡眠パターン
- 腹部状況の観察・食事や水分摂取量・日中の活動・感情のコントロール
- 障害の部位・程度など
- 基本情報を把握したうえで、サポートの妥当性と不具合を記録　など

本人・家族の望みに応えるための可能性

- 本人の希望に対しての記録（いつ・どのような場で・どのように・追加など）
- サポートをすることによる可能性・維持・予防・リスク・ケアの必要性　など

一元化　一人の入居者に関する情報を1つの書式にまとめること。すなわち、業種・業務ごとの記録ではなく入居者一人ひとりを単位に一本化

一覧化　入居者が暮らす場所で管理し、いつでも把握・共有する方法

■24Hシートと記録の連動による効果

　記録物を一元化したことで、介護・医療・栄養・生活相談員等の情報が迅速に共有・伝達しやすくなります。また、記録の目的やケアの視点を見直すことにより、24Hシートとケース記録の連動が明確になり、次の効果が期待できます。

24Hシートと記録の連動による効果

- 理念の共有
- ケアの方針・ケアの視点の統一
- ケアの現状の把握
- 職員一人ひとりの知識・技術などの把握（強みと弱み）
- 記録の指導の明確化
- 協力ユニットとの情報共有
- 暮らしの変化に早く気づくことができる
- 異常時の早期発見と予防対策の強化
- 他職種との連携
- 責任と役割の明確化
- 本人・家族への根拠ある説明　など

　24Hシートはケース記録が連動されたことにより、ケアの質や知識・技術、チームの連携力が図りやすくなります。入居者の「暮らしの継続」「1日の暮らし」の視点をすべての基本とし、物事を判断・評価する取り組みの指標となる1つのツールであるといえます。

　入居者が1日どのように暮らし、職員がどのようにサポートするかが書かれた「ケアの見積もり」ともいえ、この見積もりに対し、入居者が1日1日をどのように暮らしたか、その事実を具体的に記載したケース記録は「ケアの明細」といえるでしょう。このように、24Hシートだけでは「暮らしの継続」「1日の暮らし」の意義はなさず、いかにケース記録と連動させて活用するかで、その意義を果たすことができ、本来の専門性に対する評価につながるものとなります。

24Hシートを作成するためのアセスメントの視点

　本書は、高齢者の「暮らしの継続」を支援することに携わる者として必要な理論・知識・技術をさまざまな実践を通じて、考えながら学ぶことができるテキストです。施設種別やサービス形態にとらわれず、現場で悩む介護職から管理者など幅広く活用できます。

　個人学習のほか、グループディスカッション、ロールプレイングなどの技法を取り入れ、さまざまな事例に対する対処法や見解の統一、ケアの方向性、理念の共有をすることにも役立ちます。

　さまざまな事例に対し、考えられる問題の原因や課題を整理し、事例のポイントをさぐります。あなたならどのように入居者の現状をとらえ、サポートの必要なことを考えるのか、また、他の仲間はどのようにとらえたのかを共有し、意見を統合し、実践につなぐための具体的方法を導き出してみましょう。

　答えは1つとは限りません。方法や考えはいくつもあります。ぜひ、自分の施設の方針に当てはめて、より良いケアの提案を導き出してみてください。

考えられる問題の原因・課題
↓
自分ならどう考えるか
仲間の考えはどうか
↓
意見を統合し、実践につながる
具体的な方法を導き出す

　事例の全文から、高齢者の言動の意味を探求してみましょう。事例を提供している施設が推測したケアの結果から、高齢者の反応を手がかりに、その適否を判断し、ケアの妥当性や別のケアの実践を、その理由とあわせて提案してみましょう。

■事例を読み解く上での大事な考え方と視点

　24Hシートは、高齢者の状態を適切に把握し、自立支援に資するサービスを総合的、計画的に提供するための仕組みにつながります。24Hシートの本来の力を発揮するのは、1日の24時間の暮らしの情報を知り得た後の情報分析です。情報分析が充実していなければ、24Hシートの効果が半減してしまいます。

【大切な考え方】
- 高齢者は、老性変化に加え、さまざまな健康障害より生活機能の低下・障害をきたし支援を必要としています。しかし、意思決定できない人たちではありません。事例から読み取れる言葉・声なき言動から意思を読み取りましょう。
- できない部分だけでなく、強みであるできる部分は何かを見出し、発揮できる支援方法を考えて提案してみましょう。

【特徴を読み解く視点】　～高齢者の特徴を理解する～

1. 複数の疾患をもっていることが多い
2. 慢性の疾患が多い
3. 症状などは通常の予想から逸れることがある
4. 外見からはみえない・わからない機能不全が存在しやすい
5. 免疫が低下しており、疾患が治りにくく、感染しやすい
6. 薬に対する反応が異なることがある
7. 個人差が大きい
8. 環境やケアの提供者の対応に大きく影響を受ける　など

　サービスの提供にかかわる職員が同じ認識の下、総合的に自律・自立支援のためのサービス提供が行われていなければ、高齢者の暮らしの保障などできません。知り得た情報をいかに共有し、共通の認識として適切に提供されるかが大切です。

■リスクマネジメントの考え方とポイント

　ここでいうリスクとは、入居者の暮らしにおいて「確実」でない

ことを指し、変化が要因となってその不確実性を増大させます。一方で、職員の統一したケアの体制の整備は後手に回りがちで、ケアの統一との隙間のリスクに対するギャップが拡大します。リスクマネジメントは、1日24時間の安全で安心な暮らしの実現のため、リスクとの隙間を十分に抑制されなければなりません。その具体的な取り組みの過程がリスクマネジメントといえます。

予測したケアの妥当性を計るために、必要に応じて客観的情報を収集し、それを統合し、分析することで、サポートが必要なことを導きます。

【情報整理のポイント】

- 段階的（時間・症状・言葉・場所など）・経時的に情報を整理する
- 主観的な情報と客観的な情報を整理する

事例から知り得た情報をもとに、各専門職が、あらゆる側面から状況を予測することが大切です。ただし、それぞれの専門性は、「暮らしの継続」を基本の考え方に沿って見解を示します。迷った時には、入居者や家族の意向や好みを判断の基軸にして考え、チームケアの促進につながるサポートの必要性を提案してみましょう。

第2章
入居者の生活支援への活かし方

第2章 1

BPSDが顕著な人への活用

● 特別養護老人ホーム「晃の園」（静岡県静岡市）

● 概要

　Aさん（80歳、女性）は要介護2で、障害高齢者の日常生活自立度A1、認知症高齢者の日常生活自立度Ⅲbです。緑内障（右眼視野狭窄）、正常圧水頭症、アルツハイマー型認知症の既往歴があります。緑内障については、精神状態で見え方が異なります。以前は、夫と飲食店を営んでいました。夫が亡くなってからは、娘家族と同居していました。

　3年前から腰痛がひどくなり、動けなくなったため、病院に受診したところ、圧迫骨折と診断されました。自宅での療養が続き、日中1人で居ることが多くなった頃から、もの忘れが目立つようになってきました。娘が仕事から帰ってくると、泥棒が入ってくると言ったり、娘に対する暴言等が日増しに増えていきました。朝方、知らないうちに外に出かけて道に迷い、警察に保護されたことも何度かありました。

　娘も仕事をもち、子育てや家事など家庭を1人で守ってきましたが、母親の発言や行動に対して批判的な言動をとったり、激しい口論になる頻度が増えたり、時には虐待と思える行動をとってしまう場面がみられました。この頃から、週1回のデイサービスを週3回に増やし、Aさんからは「デイサービスは楽しみ、腰痛は楽になった」と聞かれるようになりました。

　1年ほどして、認知症の進行とともに、夜間の被害妄想、もの盗られ妄想が多くなり、介護負担も増え、心身ともに家族の疲弊が顕著になりました。そのため、ショートステイを利用しながら入居を待つこととなりました。ショートステイ利用当初は、環境の変化や性格的なことから、他の利用者に気を配る様子が伺えました。また、家に帰れるという安心感もあったと思われます。

　ショートステイ利用後は不穏になることが増えたという報告があり「温泉に行ったので娘にありがとうと言おう」と感謝の言葉を述べたかと思うと、「娘に追い出された」と言ったり、手首をひねったことを「手を引っ張って殴られた」「手をつかまれてひどいことをされた」など、話が変化し混乱している様子がみられました。その後、個室ユニット型の特別養護老人ホームに入居することになりました。

入居後、Aさんが最初に確認したのはトイレの場所でした。10分から15分おきにトイレに行き、その都度「元の場所へ帰してほしい」という訴えがありました。ショートステイからの環境の変化に、本人の戸惑いと不安が交差している様子がみられました。家族からの「7時には声をかけて起こしてほしい」という要望に、7時に声をかけて起こしますが、8時の食事を待つ間に気持ちが変化し、食事に手を付けずに帰り支度を始めることがありました。また、服薬時には「睡眠薬を飲んだら変になる」と言い、薬を投げつける行動も見られました。

　環境の変化や見慣れない職員・入居者等、Aさんにとっては見知らぬ世界に放り出された気持ちだったと思います。今の混乱を和らげ、今までの暮らしに近づけるよう、Aさんの24時間のアセスメントを始めていきました。

24H シート

図表 2-1 Aさんの24Hシート

	Aさん ○○ユニット		担当者:		介護主任
	作成　平成 25年 8月 31日		M.M		
時間	生活リズム	意向・好み	自分でできる事	サポートの必要な事	備考
0:00					
〜〜〜	〜〜〜	〜〜〜	〜〜〜	〜〜〜	〜〜〜
7:45	起きる	自分できることは自分でやりたい。好きな時間に起きたいけど朝ごはんは食べたい(本人) 家庭でも寝起きが落ち着かない時がある(家族) 着替えも、そばで用意したものを着替えている(家族)	手すりにつかまれば起き上がることができる 杖をついて歩く	◆ポイント ・食堂に行ってすぐに食事ができない状態だと、「ごはんもないのに、こんなに早く起こして！」と苛立つ ・二度寝をして、寝過ごしてしまうことで「ご飯をもらってない！ここはひどいところだ！」と怒ってしまう ・また皆と一緒にご飯を食べたいという気持ちもある 7時45分に一度部屋に伺って声をかける ①眠っていても、起きますかと声をかける 　「まだ寝ています」⇒そのまま寝ていただく 　8時45分頃に再度伺う ②目覚めてベット上にて端座位でいる時は、「もうすぐご飯ができますよ」と声かけすると、「じゃあ起きていきます」と言うので、着替えをお手伝いする ③パジャマのまま食堂までくることもある 　「もうすぐご飯ができるから、先に着替えましょう」と更衣を促すと、スムーズに部屋に戻って着替えをすることができる ④感情が不安定になる場合「こんなに早くきて」「勝手に入ってきて」「今ちょうど寝つけるところだったのに」等々、怒ったように言う場合がある 【対応方法】 ・いったん受け入れて退室する。しばらくして自分から食堂に起きてくることもある。 ・15分ほどして部屋に伺う。機嫌がなおっていることが多い。 ・着替えることはできるが、洋服の場所がわからないので出して渡す。「着替えてください」と声をかける。洋服が自分のものか気にされることもあるため、その際は「○○さんが持ってきてくださったものですよ」等と説明する。娘や息子の名前を出すと比較的納得される。	※8月31日 7時45分に伺ったときの本人の状況によって、対応方法を変える必要があるため、具体的に①〜④を追記した。
9:30	薬を飲む	どこから処方されたものか教えてほしい 気が小さいから薬はちゃんとしたもの以外は飲みたくない(本人) 「薬を飲む時よく泣くことがあるので、気にしないで飲ませてください」 「薬は○○医院で出してもらっている栄養剤といえば飲めます」(家族) 「現在内服している薬に関しては、種類・服用の方法は医師と相談して変更してかまわない」	封を切ってもらえば、飲むことができる	◆安心して内服していただくポイント 内服薬について警戒心が強く、拒否が強い。「睡眠薬を飲まされた。殺される」等の被害妄想にもつながってしまうため、気持ちよく内服できるように工夫する。信頼を置いているかかりつけ医から処方されていると伝えると、安心して服用していただける ①必ず『信頼できる○○医院からの栄養剤です』と伝える ②疑問には統一した答えで返す(「どこの薬か?」→「薬ではなくて栄養剤です」「○○医院でもらってきました」等) ③拒否があった場合は、時間をおいて声をかける。(表情・声のトーン・感情の変化)を見て声をかけ直す ④ずっと付き添って説得すると頑なに内服しなくなってしまうため、時間を置く	※8月31日 具体的な声かけや対応方法について、①〜④を追記した。

24Hシート導入の流れ

■ 聞き取りからみえたケアの課題

　入居にあたって、在宅からのサービス提供書・アセスメントシート・ショートステイの24Hシートおよびケース記録から、生活行為を読み取り、大体のケアの目安を記入しておきました。細かな生活行為については、入居前のカンファレンスに本人・家族が参加した際に具体的な意向を聞き取り、24Hシートに記入しておきます。入居後は、記載された24Hシートを目安に、入居者の1日の暮らしぶりをケース記録に記載していきました。**図表2-2**に、当施設での「24Hシート」導入の流れを記しておきます。

　入居当時、Aさんからは日常会話で「ここは怖いところだよ」「ご飯もくれない」「睡眠薬を飲まされ殺されそう」「家に帰らせず閉じ込められている」などの言葉が聞かれていました。在宅から施設という環境の変化に伴い、ケアの場面においてコミュニケーションを図っていましたが、声かけのポイントもわからず、本人の気分を害

図表2-2　24Hシート導入の流れ

①担当者の設定

　当施設では、常勤職員が各ユニットで2、3名の入居者を担当しています。入居者の情報から、入居前に誰が担当になるかを、ユニットリーダーと職員で決めておきます。この担当者が、情報のとりまとめを担う責任者となり、家族との調整役にもなります。

②情報収集・作成

　在宅からのサービス提供書とアセスメントシートに加えて、ショートステイ利用時の24Hシートを参考にしながら24Hシートを作成しました。まずは入居前のカンファレスを再開し、管理者・介護支援専門員・ショートステイ担当者・長期入居担当者・他職種（相談員・看護師・管理栄養士）を交えて、ショートステイから情報を得ます。

　入居時、初回のサービス担当者会議で、本人・家族・管理者・他職種が「入居のしおり」を持ち、それぞれの立場から方向性や役割等を説明し、本人と家族からのニーズを聞き取ります。1か月後の開催の日時等を決め、その間、聞き取りや観察等で、24Hシートに暮らしぶりを記載していきます。

　また、1か月後の担当者会議では「聞き取り項目」で収集できなかった部分を再度収集して、24Hシートに反映します。本人と家族には、24Hシートを見ながら、本人の様子やケアの内容を伝えて確認します。

③導入

　導入後、1か月ごとのユニットミーティングで共有し、3か月ごとの担当者会議で評価等を行っています。

することもありました。夜間の不眠、強い帰宅願望、不安感、恐怖心などから、他者とのトラブルや食事の欠食等、ショートステイでは見られなかった行動もありました。

そこでまず、24Hシートに言動や行動等を記入し、その時の言葉かけに対して、Aさんの返事や行動を記載することにしました。家族にも、自宅でどのように声をかけていたのかを尋ね、その声かけも記載しました。

日々言動が変化するため、入居後3か月間、ユニットの職員は24Hシートを片手に、聞いた言葉をそのまま記載していました。その結果、起床時の介助や服薬に対する言動に感情が強く現れていることがわかってきました。心理的な変化が頻繁にみられ、現在の課題からカンファレンスを開催することになりました（**図表2-3**）。

多職種によるアセスメントの結果、健康状態に大きな変化はみられていない反面、精神状態の不安定さが健康に影響を及ぼすリスクが考えられました。そこで「不安や混乱なく生活できる」ことを目標に掲げ、まずは少しでも落ち着いて過ごせる時間が増える取り組みを始めました。

そのためのポイントとして、24Hシートの「サポートの必要な事」

図表2-3　多職種によるアセスメント

> **看護師**…健康状態は入居時に測定したバイタルと比較して、通常値に大きな変化はみられず落ちついている。ただし警戒心が強く、内服がきっかけで不穏になってしまうことも多い。そのため、今提供されている内服の量や回数の見直しを行い、認知症の症状の出現や程度を可能な限り縮小する方向にしていく。現在医師と検討しているのは、内服を減量することで、認知症の症状に影響しやすい降圧剤・膀胱の過活動を抑える薬は、最低限継続すること。その反面、毒だと思い込んでいる漢方薬は1日3回から2回に減量し、本人が拒否する場合には内服しなくてもよしとするという方向性を打ち出した。
>
> **管理栄養士**…Aさんの必要量は身長・体重・身体活動レベルから、常食で1300kcalと設定した。現在のBMIは21.9。食事量は月平均で9割以上摂取、間食もあり、必要量は確保できている。しかし、精神的に不安な場合や睡眠不良、食事摂取が進まず代謝量の増加が懸念されるため、不安を軽減できる援助を検討する。
>
> **相談員**…不安感を増幅させないためにも、本人の生活歴や性格、状態・嗜好等の細かいアセスメントを行い、本人とうまく同調できるよう本人・家族と良好な関係を作り、情報を集めていく。まずは、健康状態を確認し対応していく。

には、より具体的な声かけや対応方法を記載することで、すべての職員の共通認識のもと、場面や状況に応じたケアを統一して実施できるように徹底しました。

　服薬に際しても「信頼のあるかかりつけ医から処方されていますよ」と伝えると、安心して服用されます。この「信頼のあるかかりつけ医」という言葉がポイントになっています。

　娘さんの内服に関する意向が、本人の被害的な混乱の要因である可能性がありました。本人の混乱や不安をできるだけ縮小し、被害的な気持ちを緩和していくためには、内服に関する娘さんの理解と協力が必要でした。

　当施設の記録は、すべてパソコンで行われます。24Hシートと記録が連動しているため、サポートの内容に沿って記録を記入し、24時間の暮らしがわかるようになっています。記録は24Hシートに沿って記載されるため、同時に24Hシートの記載内容も確認することができます。暮らしに変化があった際は24Hシートを更新しますが、Aさんの夜間の不眠や帰宅願望が強くみられる状態が続いた時は、協力ユニットの夜勤者にもわかるように、備考欄に対応方法を記載します。

　夜間は2ユニットごとに1人の夜勤者が対応するため、大切なポイントには星マークを付けて、協力ユニットの職員でも同じような対応や言葉かけができるようにしています。

　AさんのBPSDの発生要因を24Hシートからみていくと、起床時の身体状況や日中の活動による要因や環境、心理的な面では薬に対するトラウマ等がみえてきました。当初はサポート内容の統一を図りましたが、声かけが人によって違いがあることもわかりました。24Hシートと記録が連動しているため、さまざまな要因が見えやすくなっていると思われます。

■服薬時間・量の見直し

　次に、Aさんのかかわり方の課題について、24Hシートを活用した対応を紹介します。

　入居当初、家族や利用していたデイサービス、ショートステイの事業所からの情報をもとに、同様のサポートをすることで、環境の

変化によるBPSDの増加を避けることをねらいとしました。初回の24Hシートにも、あらゆる場面において、在宅で実施していた声かけや対応を記載し、サポート内容のポイントとして周知を図りました。

しかし、AさんのBPSDは顕著で、汗だくになりながら出口を探し回る姿がみられ、転倒のリスクも増えました。その背景には「睡眠薬を飲まされて殺される。こんな恐ろしいところには居られない」というAさんの心理がありました。日中うたた寝をして覚醒するタイミングで、このような妄想が現れる傾向がつかめました。在宅では、Aさんの信頼している医師の名前を出すと納得できていた内服に関しては、入居後は強い警戒心がみられ、適切な内服ができない状況が続きました。

家族の声、家族の手だからこそ、Aさんの不安を最小限に止めて対応できていたのです。現在のかかわり方では、BPSDのさらなる出現が懸念されたため、24Hシートを見直すことにしました。

まずは、暮らしの中でAさんが一番不安を感じるきっかけとなっている「薬を飲むこと」に目を向けました。内服自体が「睡眠薬を飲まされて殺そうとしている」という被害的な訴えに直面していて、適切に内服することが少なかったです。そのため、健康的な暮らしの継続が危ぶまれていました。医療職もカンファレンスに参加し、共通理解をもとに方向性が定まりました。服薬について被害的な訴えがなくならなくても、Aさんが嫌な思いをしている場面を少しでも減らせるように、薬の量や回数を減らしていくということです。

殺されるかもしれないという恐怖感につながっている状況が緩和できれば、職員に対する信頼や安心感、施設が新たな暮らしの場として認識されるかもしれないという期待もありました。家族からは、在宅時の処方内容を続けてほしいという意向があったため、他職種や家族を交えて相談を重ね、医師の指示のもと、回数や量を減らすことになりました。

在宅時の声かけや演出を継続しながら、少しでも抵抗を感じている様子がみられた場合は、服薬の時間をずらしたり、中止することにしました。24Hシートにも、より具体的な声かけを記載し、統一を図りました。

その結果、内服を拒否する回数が格段に減少し、抵抗感が和らぎました。うたた寝の後でも、職員に対する被害的な妄想にはつながらず、「ここから逃げ出さなくてはいけない」という心理はみられなくなりました。

■ 起床時間の見直し

健康的に暮らしていくために「食べて・出して・寝起きする」ことに着目した時、「起きる」については、Aさんの意向を確認できてはいるものの、職員の対応がバラバラで統一できていなかったり、1日の始まり方によっては、Aさんのその後の暮らしぶりに大きく影響するといった課題がありました。

前述のこれらの取り組みによって、落ち着いて過ごせる時間が増えて、本来のAさんの生活リズムやペースがみえ始めました。そこで次に、この「起きる」に着目しました。

入居時から「好きな時間に起きたいけれど、朝ごはんは皆と一緒に食べたい」というAさんの意向は聴くことができていました。Aさんが普段から交流をもっている入居者が食事をする時間は8時過ぎなので、その時間を目安に考えました。

Aさんの朝の状況は日によって異なり、目覚めは7時から9時と幅があります。パジャマのまま自分で食堂に起きてくることもあれば、目覚めてもベッドの上に座っていることもあります。在宅では7時に家族が起こすことが日課となっていたため、家族からは「7時には声をかけてほしい」という意向がありました。

在宅と同じような声かけをしたところ、すぐに食事ができない状態だと「ご飯もないのにこんなに早く起こして！」と苛立ちをみせたり、再度居室で睡眠し、寝過ごしてしまうことで「ご飯もくれず、ひどいところだ！」と怒ることもありました。食事はAさんの暮らしの中で大きな楽しみとなっていることもあり、起きるタイミングは注意が必要です。

そこで、あらためて24Hシートを見直し、8時過ぎに他者と食事ができることに焦点を当てて、自分で起きてこられなかった場合の訪室時間は何時がよいのかを、ユニット内で検証しました。その結果、7時45分に起きるかどうかの意思確認を行うことにしまし

た。その時間に「もうすぐ朝ごはんができますよ」と声かけをすると、目覚めも気分もよく、そのまま朝食につなげられる日が増えました。

　目覚めから朝食、内服と、日中は比較的穏やかに時が流れるようになり、BPSDも入居当初に比べて軽減しています。その反面、夕方になると「家に帰らせてもらいます」と出口を探し回る姿がみられています。職員に対して「なぜ帰らせてくれないんだ！閉じ込めてどうする気だ！」と怒りを露にすることもあり、対応に課題を抱えています。

　入居後も、自宅に外泊する楽しみを確保していますが、外泊後しばらくの期間は、激しい帰宅願望がみられます。自宅から引っ越し、現在の住まいの場は施設という事実について、Aさんが心の整理をしている段階ととらえ、その苦悩をともにすることが残された課題です。

まとめ

　さまざまな介護場面において、家族の意向と異なる点がありましたが、Aさんが納得する暮らしが、心理や行動の穏やかさにつながることを理解してもらったことが、現在の対応につながったと思います。「認知症の問題行動」ではなく、「暮らしの障害」という視点でお互いに検討することができました。

　当施設では、認知症の人の暮らしの困難をゼロにすることはできないけれど、今よりは気持ちが楽になり暮らしやすくなることを心がけています。中核症状による暮らしにくさを軽減し、BPSDをできるだけ縮小するかかわりです。「ちゃんと暮らしていけるだろうか」と、本人の行動や心理面に対する家族の心配事は計り知れません。そのようなときは、「一緒に暮らしを整えていきましょう」と家族に声をかけます。認知症という病気がもたらすAさんの行動や心理は、暮らしの困難を教えていると理解し、ケアのヒントとして受け止めています。中核症状もBPSDも顕著だったAさんは、24Hシートの活用により、少しずつ落ち着きを取り戻した暮らしに変化していきました。

ケアの方針を理解してもらう工夫

　施設では、入居後も自分らしい暮らしを作ることができることを入居者に知ってもらうために工夫していることがあります。それは、独自に作成した「入居のしおり」です（**写真2-1**）。

　しおりの冒頭には「一人一人の暮らしを大切にしています。皆同じ時間に寝起きをし、同じ時間に食事をする等、一斉にすることはありません。どのように過ごしていきたいのか…」と書かれています。「入居のしおり」は、入居に対する不安を和らげ、施設での暮らしのイメージづくりにつながっています。施設が暮らしの場であることを家族に認識してもらうことが、入居後のケアの相談や検討をスムーズに進めます。

写真2-1　入居のしおり（一部）

第2章 ②

寝たきりで意思の疎通が困難な人への活用

● 特別養護老人ホーム「真寿園」（埼玉県川越市）

● 概要

　Bさん（89歳、女性、要介護度1、障害高齢者の日常生活自立度J2、認知症高齢者の日常生活自立度非該当）は、脳梗塞を発症し、病院に運ばれました。退院後、訪問介護員（ホームヘルパー）と訪問診療を利用しながら、在宅生活を営みましたが、ADLの低下が著しく、ベッド上での生活が長引き、次第に認知症の症状が顕著になりました。

　退院後1年も経たず、在宅での生活が困難となり、身体的介護の負担・意思の疎通も困難なことから、家族の負担の身体的・精神的負担は増加し、ケアマネジャーと相談の結果、特別養護老人ホームに入居しました（要介護度4、障害高齢者の日常生活自立度B2、認知症高齢者の日常生活自立度Ⅲ、高血圧、脳梗塞、左片まひ、肺炎、血管性認知症の既往歴がある）。

　入居前の家族構成は、Bさん、長男、長男の嫁（キーパーソン）の3人暮らしでした。長男はBさんについて口を出すことはなく、嫁に任せきりにしました。嫁は、Bさんのケアには協力的なものの、何を尋ねても「大丈夫、お任せします」と言うことが多く、ケアの方針や具体的なサービスの提供が定まりませんでした。

「お任せします」の言葉から…

　当初、施設での暮らし方に関する意向や要望は、本人はもとより家族からもあまり引き出すことができませんでした。「大丈夫」「お任せします」と繰り返す家族から、唯一聞き出せたのが、「食事のときには、身体を起こせるようになった。できれば起こしてほしい」でした。

　そこで、まずはこの思いを現実にするために、朝の目覚めから朝食までの時間に観察のポイントをおくことにしました。在宅での1日の暮らし方を24Hシートに書き出し、おおよその目安となる暮らしぶりの情報を基本とし、現状の暮らし方との差異をさぐることとしました。観察のポイントはユニットミーティングにて多職種と協議して**図表2-4**のように定め、その様子をケース記録に書き込みました。

　施設入居後、その日からBさんの施設での暮らしが始まり、私たちのケアもスタートします。Bさんに関しては、入居される前の情報は十分とはいえませんでしたが、入居前より入居後、実際の暮らしの場から"今"の情報を整理すればよいと考えます。

　限られた情報だからこそ、多職種の多元的な情報分析を十分に行い、入居者・家族が望む「暮らし」を共有し、その実現のためにそれぞれが役割を果たすことを大切にします。

　Bさんの暫定的に作成した24Hシート（**図表2-5**）も、これまでの「暮らし」の情報を元に、互いの協働でケアが提供されていることがわかると思います。

図表2-4 事前情報から観察のポイントを協議する

【家族の意向と介護状況】

意向	食事のときには、身体を起こせるようになった。できれば、起こしてほしい。
介護方法	①朝は何時頃目を覚ましていますか？ 　⇒声をかけなきゃいつまでも寝ている ②家族が声をかけるのは何時頃ですか？ 　⇒7時30分頃 　　肩をゆすると、目を開けることが多い 　　寝起きが悪い時もあるから、少し障子を開けて日光浴させている

【事前情報】

基本情報	要介護度4 障害高齢者の日常生活自立度B2、認知症高齢者の日常生活自立度Ⅲ 高血圧、脳梗塞、左片まひ、肺炎、血管性認知症の既往歴
介護支援専門員（在宅時）	訪問介護：車いすへの移譲の際、立位をとらせると後方に力が加わる 留意事項：前傾気味に移乗したほうがいい 訪問看護：訪問看護利用当初は、手首で図る電子血圧計を使用していたが、値が乱れることが多く、水銀計を使用していた 　　　　　週1回9時頃測定

【それぞれの視点で事前情報からの予測と対応を考える】

生活相談員	予測	入居理由：身体的・精神的機能の著しい低下・家族の介護の力の限界 サービス状況：必要最低限のサービスの選定と提供はあった 過度な介護がないこと、しかし状態を維持するためのサービス内容が優先度の高い順に選ばれていたと考える
	対応	在宅での1日の流れと、サービス提供内容に沿ってケアを提供して様子をみてもよいと考える
看護師	予測	①脳梗塞を発症してから1年経過していないこと、急激な状態変化があった状況から、再発の危険性が一番危惧される ②電子血圧計では、数値が乱れ計測ができないとの申し送りから、測定は看護師が行う必要がある
	対応	①現状の身体機能・認知能力から、次の3点を介護・栄養と観察 　・急に手の力が抜けて、持っているものをぽろりと落とす(片まひ) 　・食べ物、飲み物をうまく飲み込めない。またはむせる(嚥下障害) 　・片方にあるものに気がつかずぶつかってしまう(視野障害) ②血圧は水銀計にて計測 ③血圧の乱れ・食事の高リスク状況から内服コントロールができているか、今後の対応を含め医者と相談を進める
栄養士	予測	①健康診断書(血清アルブミン値)の情報から「高リスク」に該当 　実施調査でも食事面で家族が苦労されていたことは伺える 　朝の覚醒状況と食事摂取量等が関係しないか確認が必要と考える ②血圧測定値の確認 ③身体機能の著しい低下から、食べ物、飲み物をうまく飲み込めない。またはむせる状況が予測される
	対応	①食事量・食べる速さ(ペース)を記録する ②咀嚼状況・嚥下状況の確認をする。また、飲み込めない・むせる場合には、時間・姿勢・メニュー・食材・タイミング(食事の始まり・中・後)を記録する ③観察期間中、状況確認を行う
介護職	予測	①移譲時、立位をとらせると後方に力が加わることから、伸展した足位置のすべり・後方への倒れこみ ②太陽の光を感じることで体内リズムを整えやすくなる
	対応	①ベッド上の座位は、身体をしっかりと起こす 　・まひ側の腕(左)が巻き込まれないように、身体の前にあることを確認する 　・状態を起こす際は、声をかけゆっくりと座位をとる 　【注意点：身体の硬直・表情・顔色に変化がないか確認】 　・足裏を床につける(床につけたら、手で足に触れ認識しやすいようにする) 　・足を少し後方に引き、肩幅に広げる 　　(手で膝に触れ、立ち上がりで力を入れることを認識しやすくする) 　・立ち上がる前に、身体を前傾させ車いすに移乗する 　【注意点：身体の硬直(動く前・中・後)・表情を確認】 　*各動作には、必ず身体をどのように動かしていくのか伝える ② 在宅時と同様、目覚める時間・目覚めた後に太陽の光を感じられるようにする

図表2-5　暫定の24Hシート（事前情報からの予測と対応を反映）

時間	生活リズム	サポートの必要な事
0:00		
〜		
7:30〜	目を覚ます●	■声をかけ、肩を軽くゆすり覚醒を促す● ■目が覚めやすいよう障子を半分開け、外の光を入れる● 【注意点：いびき・顔面の変形・反応・眼球の動き等】●
	車いすに乗る● （状況を見て）	■ベッド上の座位は、身体をしっかりと起こす● ・まひ側の腕（左）が巻き込まれないよう、身体の前にあることを確認する● ・状態を起こす際は、声をかけゆっくりと座位をとる● 【注意点：身体の硬直・表情・顔色に変化がないか確認】● ・足裏を床につける（床につけたら、手で足に触れ、認識しやすいようにする）● ・足を少し後方に引き、肩幅に広げる● （手で膝に触れ、立ち上がりで力を入れることを認識しやすくする）● ・立ち上がる前に、身体を前傾させ車いすに移乗する● 【注意点：身体の硬直（動く前・中・後）・表情を確認】 ＊各動作には、必ず身体をどのように動かしていくのか伝える
	顔を拭く●	・湯でタオルを絞り、手（右）で温度を確認してもらい顔を拭く● 【留意点：居室洗面の湯を使用 38度設定済】●
	髪をとかす 入れ歯を入れる	整髪　入れ歯装着● （離床しない場合はベッドで行う）
8:00〜	リビングでテレビを観る	テレビの側に座る●
8:30〜	朝食●	○食形態：「粥ミキサー」「ソフト食」●● 【咀嚼状況・嚥下状況の確認】●● ・飲み込めない・むせる場合には、時間・姿勢・メニュー・食材・タイミング（食事の始まり・中・後）を記録する 【次の症状がある場合には、速やかに看護師に報告をする】● ・急に手の力が抜けて、持っているものをぽろりと落とす ・食べ物、飲み物をうまく飲み込めない。またはむせる ・片方にあるものに気がつかない
9:30〜	血圧を測る●	・バイタル測定を行う●● 【注意点：水銀計使用のため看護師が測定】

●…生活相談員、　●…看護師、　●…栄養士、　●…介護職（それぞれの職種から上げられた情報、見解）

暫定でできた24Hシートでケアを実践

　暫定でできた24Hシートは、あくまでも限られた情報から予測したものでしかありません。したがって、その内容とサポート方法には妥当性が図れていません。

　そのため、まずは24Hシートに基づき、実際にケアを提供し、妥当性を客観的に評価する必要があります。特に、24Hシートの「サポートの必要な事」の妥当性の評価には、介護職が日常のかかわりの中で気づく小さな変化や看護師・栄養士などから得られる客観的情報を統合し、分析することで本来のサポートが必要なことが

導き出されます。

　このことから、情報は24時間の時間軸に沿ったケース記録に、24Hシートとケアの実態を書き込むことで、あとの評価がしやすくなるといえます。

　例えば、暫定の24Hシートで、7時30分に「目を覚ます」という生活リズムに対して、「サポートの必要な事」に記載されているケアの方法を実践します。実践の結果、その時間・ケアに対してどのような反応があったのかを日々の記録に書きます。その際、24Hシートには書かれていないことも発見することがあります。日々かかわりをもつ介護職だからこそわかる小さな変化や気づきは、あとの評価に大きな影響を与える大切な情報です。

【暫定24Hシート（一部）】　　　●…生活相談員、● …看護師、● …栄養士、● …介護職

時間	生活リズム	サポートの必要な事
0:00		
〜〜〜	〜〜〜	〜〜〜
7:30 〜	目を覚ます●	■声をかけ、肩を軽くゆすり覚醒を促す● ■目が覚めやすいよう障子を半分開け、外の光を入れる● 【注意点：いびき・顔面の変形・反応・眼球の動き等】●

↓

図表2-6　24Hシートに基づくケア実践の記録（「目を覚ます」行為部分のみ抜粋）

日付	時間	記録
4/23	7:25	耳元で声をかける。3回程肩をゆするが、覚醒される様子がない。顔や手などの動きはない。障子を半分開け退室。
	7:40	耳元で「おはようございます。起きますか」と声をかける、3回程肩をゆする。口が少し開いたので、引き続き耳元で名前を呼び、再び2回程肩をゆすると少し目が開いたが、まばたきがゆっくりで眠そうにも見えた。表情もパッとしないように見えた。
4/24	7:30	耳元で「おはようございます。起きますか」と声をかけ、3回程肩をゆする。覚醒の様子なし。退室
	7:45	耳元で声をかけ、3回ほど肩をゆする。覚醒の様子無し。障子を半分開け退室
	7:55	耳元で名前を呼び、3回ほど肩をゆする。首を左右に傾けられ覚醒された様子
4/25	7:45	声をかける前に、障子を半分開け部屋に光を差し込ませてみる。
	7:55	3回程軽く肩を叩きながら、耳元で名前を呼ぶ。少し目を開けられる。すぐにハッチリと目を開き、こちらを向いた。
4/26	7:45	昨日の目覚めの良さから、今日も先に障子を半分開け退室。
	8:00	3回ほど軽く肩を叩きながら、耳元で名前を呼ぶと目をパッチリと開けられる。
4/27	7:45	障子を半分開け、退室。
	8:00	3回ほど軽く肩を叩きながら、耳元で名前を呼ぶと目をパッチリと開けられる。目でこちらを追う。

記録から24Hシートの情報の妥当性を図る

　このように、「目を覚ます」行為の観察からは、ケース記録の結果からも、単に「声をかけ、肩を軽くゆすり覚醒を促す」ではなく、「右肩を軽くたたきながら、名前を呼ぶ」と目を覚まし、目線を職員に向けることがわかりました。また、7時30分が目安とされていた時間は、8時のほうが目覚めがよいとわかりました。さらに、目覚めの良さを促すためには、目覚める15分程度早めに部屋を訪問し、外の光が差し込むようにすることが効果的だということもわかりました。したがってこの情報が、"今"のBさんの暮らしやすさにつながると考えられました。

　24Hシートの実践から見出された情報は、多職種を踏まえさらにその妥当性を図りました。看護師が心配していた、脳梗塞の再発にともなうリスクからなる状態変化（注意点）などもないことから、介護職の見解によるケアの具体的な方法は、前途の内容を反映させたケアにすることとなりました。

図表 2-7　評価後の24Hシート

時間	生活リズム	サポートの必要な事
0:00		
〜		
7:45〜		■目が覚めやすいよう障子を開け外の光を入れる
8:00〜	目を覚ます	■「Bさん」と名前を呼び（右耳）、右肩を軽くたたき覚醒を促す 【注意点：いびき・顔面の変形・反応・眼球の動き等】
	車いすに乗る （状況を見て）	■ベッド上の座位は、身体をしっかりと起こす ・まひ側の腕（左）が巻き込まれないよう、身体の前にあることを確認する ・状態を起こす際は、声をかけゆっくりと座位をとる 【注意点：身体の硬直・表情・顔色に変化がないか確認】 ・足裏を床につける（床につけたら、手で足に触れ認識しやすいようにする） ・足を少し後方に引き、肩幅に広げる （手で膝に触れ、立ち上りで力を入れることを認識しやすくする） ・立ち上がる前に、身体を前傾させ車いすに移乗する 【注意点：身体の硬直（動く前・中・後）・表情などを確認】 ＊各動作には、必ず身体をどのように動かしていくのか伝える

24Hシートを導入した効果

■寝たきりで意思の疎通が困難な人にとっての24Hシート導入の効果

- 今回、Bさんの事例を通して、寝たきりで意思の疎通が困難な人にとって、24Hシートを作成し、活用した効果として挙げられるのは、在宅での暮らし方の情報を基本に、多角的な情報収集と整理をすることで、Bさんの1日の暮らしの全容がみえたことでした。

- まずは、少ない情報でも、知り得たことは24Hシートに書き込んでみることで、1日24時間のおおよその暮らしぶりが見えてきたことをよしととらえ、さらに情報を増やしていきました。Bさんのように、話しかけても反応を示せなかったり、家族に聞いても「お任せします」と言われるような状況だからこそ、1日24時間の時間軸に沿った情報を整理し、知り得た情報から、暮らしを創造し、ケアでつなぎ合わせることを繰り返すことで、24時間の暮らしが少しずつ形成されていくのだと思います。

- 暫定的な24Hシートでサポートをし、その結果をケース記録にきちんと記入することで、その24Hシートの情報とサポート内容が適切であるかがわかります。このように、ケース記録と連動させることで、情報量が少なくても対応できています。

- また、Bさんのように複数の疾病をもつ人は少なくなく、高齢者の身体的・精神的特徴や、加齢による変化について意図的な理解をもつことは、多職種との協議・連携や、入居者の些細な変化に気づく視点をもつことにつながり、重度化する入居者の暮らしをサポートする上では必要なスキルとなります。専門職がそれぞれの責任と役割をもって、情報を精査し、多職種協働でケアの方向性を一致させ、ケアの統一を図るためには、今後重要なポイントとなると思います。

まとめ

24Hシートは、ケース記録とともに活用されることで力を発揮させることができます。24Hシートに落とし込まれた情報と、今の暮

らしを支えるために必要な情報に過不足がないか、実際にケアを提供し、妥当性を客観的に評価するためには記録が必要になります。

　このことからも、必ずしも最初からたくさんの情報を持ち得なくても、知り得た情報を元に、サポートの必要なことを多職種協働で導き出し、ケアの実践と評価を繰り返しすることで、暮らしをつなぎ合わせていくことができます。

第2章 ③

リスクマネジメントへの活用

● 特別養護老人ホーム「清明庵」(北海道札幌市)

●概要

　Cさん(86歳、男性)は、アルツハイマー型認知症と診断され、特別養護老人ホームに入居しました。入居当時は、要介護2、障害高齢者の日常生活自立度B2、認知症高齢者の日常生活自立度Ⅱa、既往歴として珪肺症、脳動脈硬化症、腰部脊柱管狭窄症などがあり、左手の握力低下がみられていました。移動は車いすを使用し、立ち上がりや移動動作に不安定さがあるものの、自分で車いすを操作し、生活していました。しかし、時折移動した先で、車いすから床に降りた状態でいる場面を目にすることがありました。

　入居後、前途のような状況が続き、2年が経過した時には、要介護度4となり、全身の筋力の低下に加え、意欲、集中力、注意の集中力や分配力が著しく低下していきました。その1年後、要介護5、障害高齢者の日常生活自立度C2、認知症高齢者の日常生活自立度Ⅳとなりました。

　身体機能が著しく変化していく一方で、本人の潜在的な意識にある「自分でできる」「大丈夫」と思うギャップから、車いすからの転倒、または転倒と推測できる状況が頻回となりました。

転倒か繰り返された原因を根本から見直す

　Cさんの転倒のリスクに対して、当初は見守りの強化などをカンファレンスで検討し、対応していました。しかし、その後も転倒は月に数回あり、少しずつその回数が増えていきました。「転倒しやすい」という表面的なことだけをとらえていた職員にとっては、介護側の負担感や困難さを感じ、それを解消することが検討のテーマになっていました。

　事故報告書（**図表2-8**）には、起きてしまった事象がそのまま記載され、対策は「ナースコールを押してもらうよう声がけをする」「見守りを強化する」など、根本的な対策とは離れて、表面に表れた状況に対応して物事を処理するものでしかありませんでした。

　そこで、これまで介護職だけで抱えていたこのCさんに対するケアのあり方を、改めて多職種間の協働により見直すことになりました。

ケアの視点を変える

　これまでのCさんに対するケアの視点は、前途のように行為そのものに向けられ、それに伴う結果に対しての対処方法のみが示されていました。しかし実際は、行為自体に問題の原因につながる要因があるとは限らず、より広い視点でとらえていく必要があるのではないかと考えました。つまり、目の前に映し出される行為のみに着目するのではなく、1日の暮らしにおいて繰り返される習慣、すなわちその規則性の中には時間が大きく影響していることが推測されたため、この視点で再度ケース記録を経時的に見直しました。

【ケース記録から読み取れたこと】
- 夕方にカーテンを閉める習慣があったことが、時々記載されていた
  職員にとっては、カーテンを閉める行為は、以前から行われていた「当たり前」の行為だったこと、特別な行為でもない

❸ リスクマネジメントへの活用

ことから記録はまばらだった
- なぜカーテンの開け閉めをするのか（したいのか）が調べられていなかった
- 下肢筋力の低下が著しいことが認識できず、車いすから立ち上がろうとする行為が頻繁にみられていた
- 車いすのブレーキをかけるように職員が促しても、「わかっている」「大丈夫」といっていた

図表2-8 事故報告所

ひやり・はっと 兼 事故報告書

【入所者の処遇により、ひやりした・はっとした場面や事故が発生した場合の状況及び事故に対して採った処置に対しての記録】

報告日 平成20年2月6日（水）	施設長	責任者

報告レベル　Ⅰ□　Ⅱ□　Ⅲ☑　Ⅳ□　Ⅴ□

入居者氏名　　　　　　　様　男☑　女□　年齢　歳

入居ユニット名　珊瑚町　要介護度2　障害高齢者の日常生活自立度 A2　認知症高齢者の日常生活自立度Ⅱa

発生年月日　20年2月6日　発生場所　居室内　発生時刻　am/⦿pm 5時00分頃
報告者氏名

〈所見及び治療〉
□打撲（　　）　□創傷（　　）　□熱傷（　　）
□骨折（　　）　□肺炎　□脳挫傷・硬膜化血腫
□死亡
□その他

〈種類〉
☑転倒・転落　□外傷　□誤嚥・誤飲　□異食　□熱傷
□食中毒　□感染　□自傷　□金銭　□与薬　□点滴
□利用者同士のトラブル・暴力　□紛失・破損　□離棟
□注射（皮下・筋注・静注）　□介護保険・契約関連
□その他

〈図〉
（カーテン・窓・カーテン・棚・車いすの配置図）

〈発生直後の緊急処置〉
痛みの有無を確認、痛みないため一部介助にて車いすへ移乗する。
他入居者支援のため、看護師がユニットに来たため報告する。
立ち上がりも問題なく、痛みなし。臀部に擦り傷あるのみ。
そのまま様子観察となる。

〈状況・原因の考察〉
本人よりカーテンを閉めようとしてできず、車いすに座ったら動いてしまって尻もちをついたとある。発見時、カーテンは片方閉まっており、車いすはストッパーがかかっていない状態であった。また、靴を履いていなかった。職員は介助中で、物音で巡回した。
原因として①本人の言うように車いすのストッパーがかかっていない状態で座ろうとしたため車いすが動き尻もちをついた。
②Cさんが暗くなったのでカーテンを閉めようとした際に見守りを行うことができていなかった。また、先に対応をすべきであった。

1日24時間の暮らしの視点

24Hシートの作成で、1日24時間の時間の流れ＝暮らし方の情報を基軸とした、情報の整理をしました。「転倒」をどうしたら防げるかという視点から、Cさんがそれまで築いてきた暮らしを継続するために、今起きている「転倒」というリスクをどのように回避できるかを考える視点に変わり、生活リズムに加えて習慣や意向、環境、価値観などを本人の視点でとらえた情報を書いていきました。

図表2-9　新たな視点による24Hシート（一部抜粋）

時間	生活リズム	意向・好み	自分でできる事	サポートの必要な事
0:00				
16:00〜16:30	日が暮れ始めたらカーテンを閉める（季節により時間変動あり）	自分で閉めたい	カーテンを閉める	

この段階で書き込まれた24Hシートの情報は、あくまでも介護職が知る情報が主であり、主観的情報といえます。この情報だけでは、現状を目に見える状態に文字にしただけで、これまでのケアと変わりません。そのため、この情報を基軸に、現状のCさんを客観的に知る必要があり、あくまでも「暮らしの継続」を念頭に置いた「転倒」のリスクにつながる要因を多職種間で（今回は主に、介護職、看護師、作業療法士、介護支援専門員、生活相談員など）、次の視点で再アセスメントを行いました。

多職種との連携・原因追究

事故報告書とケース記録の内容から、転倒につながる要因が認知症の進行とのかかわりが大きいと予測され、他の職種とともに次の内容を確認しました。

①認知症を理解するという視点

アルツハイマー型認知症の診断を受けてから、現在に至るまでの

時間の経過の中でみられた行動や言葉を、看護師中心に情報の精査をしました。その結果、日常生活における行動や言葉、身体機能の著しい低下から、症状は、第2期から第3期の段階にあることが考えられ、今後さらに筋固縮、姿勢異常などが現れることが予測されました。

また、この時期、看護師は、1日を通して傾眠が強くなってきたことも懸念し、内科的な問題が発生している可能性も踏まえ（珪肺症や何らかの疾患によるものなのか）、脳外科の受診を行いました。診断は、認知症の進行によるものとされ、転倒につながる危険認知力の低下と、傾眠の理由は明確となり、現時点で保たれている、静止立位時のバランスや歩行状態は困難となることから、このことを見越したケアの方法を検討する必要があることが明確になりました。

身体機能が変化していくことを自覚できないことが多くなる一方で、危険認知能力もないことから、転倒・転落のリスクはさらに高くなることが明確になりました。

②加齢に伴う身体の変化という視点

アルツハイマー型認知症の症状の進行に加え、86歳という年齢からも、下肢の筋力低下が考えられました。また、視力や聴力の低下もあり、転倒のリスク要因であると考えました。したがって、Cさんの行動パターンから、その時・その場所から見える、物の位置・光・影・音など、環境の確認と調整を行う必要があるという課題が見出せました。

③暮らしの継続の視点

なぜカーテンの開け閉めをしようとしていたのかを伺ったら、窓の外の風景を見るのが好きなので、それができる時間、もうできない時間ということで開け閉めしていたということでした。

ケアの課題の明確化と実際

【転倒のリスク要因】
①86歳という年齢から考えられる下肢の筋力低下に加え、アルツハイマー型認知症の進行による、日常生活における行動や言葉、身体機能の著しい低下
②視力や聴力の低下
③危険認知能力がない

【今後考えられること】
①現時点で保たれている、静止立位時のバランスや、歩行状態は今後困難となる
②視力や聴力のさらなる低下
③危険認知能力がない

【可能性・ケアの方針】
①身体的機能の維持
②環境の整備（色・配置場所等、視覚的情報で判断しやすい使いやすい環境）
③行動を先読みしたケアと行動を予測したケア

【具体的ケアの方法】
①機能評価を行い、筋力維持のリハビリを導入する：作業療法士・機能訓練指導員）
②居室の窓の前には、動きを妨げるようなものは置かない。外の景色を見えるようにする：家族・介護士・生活相談員
　カーテンの色を本人の意向を確認しながら濃いものにする
③「サポートの必要な事」に記載

　この24Hシートに基づき、ケアを実践しました。結果、カーテンを閉めようとする行動には、確かに習慣的・規則的なものがありました。そのため、職員は、ケアを先読みしたかかわりができ、転倒事故はなくなりました。

24Hシート

図表2-10 アセスメント後の24Hシート

時間	生活リズム	意向・好み	自分でできる事	サポートの必要な事
0:00				
〜16:00				・日が暮れ始める前に、居場所を確認する ・窓の前に、動きを妨げるものが置いていないか確認する
16:00〜16:30	日が暮れ始めたらカーテンを閉める （季節により時間変動あり）	カーテンを閉めたい （外の景色を見るのが大好きだから）	自分で閉める	・居室に到着する頃を見計らってカーテンを閉めるか確認する ・カーテンを閉める際は、カーテンとの距離感が計れているか確認する ・ブレーキがかけられているか、ステップが上げられているか確認する ・立ち上がり時のふらつきがあるため、いつでも支えられるように脇に立つ 【注意事項】 ●本人が「まだ閉めない」と応えても、その言葉を覚えていられないことが多い。そのため、すぐにカーテンを閉めることがある。 ・すぐにその場を離れるのではなく、一緒に居室の整理をしたり、窓から見える景色の話をしてみるなど動きをみる。 ●"日が暮れ始める"は、天候や季節によって変わるので、光の入る状況は常に確認する。

24Hシート作成の効果

　24Hシート作成前の、事故検討委員会での職員の情報は「私のときは○○している」という発言がとても多く聞かれていました。「私の時は○○」という言葉の裏には、支援が必要かどうかの根拠や判断、リスク・危険性の大きさの判断が、その個人に委ねられているという状況をさしていました。しかし、情報の整理を、Cさんの暮らしを中心・基軸にしたときに、"私"という職員1人の認識では判断できないことが理解されました。

　また、情報が充実するにつれ、Cさんの転倒をもたらす原因は、認知症の進行、身体機能の低下、環境（物理的・人的・システム）など複合的であり、多岐にわたる対応が求められ、多職種による再アセスメントからなる、ケアの方法を検討する必要性を強く感じるものとなりました。

ケアの判断基準は人によってさまざまです。新人もいればベテランもおり、経験値や知識もバラバラです。スタッフAは危険だと思うことも、スタッフBは危険だと思わないなど、皆が同じように危険だと思わなければ、どこかで事故につながります。今回のCさんの場合においても、情報の認識の違い、また、情報の共有が図られていなかったことが「転倒」を防げなかった1つの要因でもありました。知り得た情報は、24Hシートに記載することにより、情報の共有と共通の認識がしやすくなり事故の防止につながりました。

　また、このようにケアを文字にすることで、再度事故が発生した際には、その原因がどこにあるのかがみえてくると思います。

まとめ

　Cさんの事例を通じてわかったことは、リスクとは確実でないこと、すなわち今回の事例でいえば、Cさんが望む暮らし方を知らなかったことはリスクの要因の1つでした。

　また、この事象において求められることは、身体状況を正確に把握して的確なアセスメントを行うことでした。事故やけがの裏側には疾病が存在し、その疾病によって引き起こされます。24Hシートは、施設で暮らす入居者が、これまでの暮らしが継続できることを保障するためのひとつのツールです。その効果をより高めるためには、かかわるすべての職種が、それぞれの専門性と価値を尊重し、連携・協働することが大切です。

第2章 4

特に生活上の意向がない人への活用

● 特別養護老人ホーム「桜の郷　元気」（茨城県茨城町）

● 概要

　Dさん（80歳、女性）は要介護3で、障害高齢者の日常生活自立度A2、認知症高齢者の日常生活自立度Ⅱbです。長年夫と2人で暮らしていましたが、Dさんが72歳のときに夫が他界しました。その後、1人で暮らしていましたが、車で10分ほどの場所に住んでいる長男に「1人で怖い」という連絡が頻繁に届くようになりました。

　亡くなった夫は教育者で、校長を歴任し、Dさんは専業主婦で自宅にいました。優しい性格ですがあまり社交的ではなく、人見知りのところがあります。

　長男家族は仕事で忙しく、対応しきれずに、独居生活も困難になり特別養護老人ホームへの入居に至りました。施設入居後も、同じテーブルの入居者とはあいさつを交わしますが、踏み込んだ会話はしません。少し距離をとっているところがあります。職員の問いかけにも「私は大丈夫だから」と断ってしまうことが多く、生活上の意向を聞いても「何もないよ。みんなにあわせる」と、遠慮や我慢をしているようです。

　ADLは自立していて、身の回りのことは何とか自分でできます。職員は声かけ誘導、見守り、付き添い程度です。認知症の症状は特にみられませんが、「お金がないからもうここにいられない。どうしよう」という訴えが入居当時から続いています。自宅にいるときもお金の心配はしていたといいます。Dさんはうつ病の診断を受けています。

　職員は、Dさんはできることも多いので、施設で何とか自分の思うような暮らしができないものかと悩んでいました。

24Hシート作成の流れ

　基本情報などの記録をもとにDさんの情報を収集しましたが、情報が少なく、ケース記録もケアの視点が定まっていないため、有効な情報がありませんでした。そこで、聞き取りを中心に情報収集を進めていきましたが、Dさんは遠慮しているのか我慢しているのか、なかなか進まずに情報不足が続きます。家族に尋ねても「一緒に住んでいないからよくわからない。昔から特に趣味などはなかったみたいだし、何かしていたわけでもないから。そういわれると、何をして過ごしていたんだろう」とのことでした。

　しかし、本人もできることが多くてしっかりしているため、何か意向やこだわりがあるはずです。職員は、生活支援会議（入居者の支援を検討する会議）で、何かよい聞き取りの方法はないかと相談をしてみましたが、なかなかよいアイデアが浮かびません。そこで、改めて聞く姿勢ではなく、普段の何気ない会話の中から探ることとし、会話をできるだけ記録に残すことにしました。

　また、一度に24時間丸ごと情報収集するのではなく、まずは、日常の行為で情報がわかりやすいと思われる朝と食事の時間、入浴時や寝るまでのすごし方やこだわりのタイミングに的を絞って、普段の行動を観察してケース記録に残すことで話がまとまりました。

　ここから、職員の観察を重点に置いて記録を残す情報収集が始まります。朝起きた後の何気ない会話で「Dさんは7時頃起きることが多いですけど、昔からですか」「朝ごはんはとっておくので、ゆっくりでいいですよ」などと伝えました。トイレに入る時間と入っている時間についても記録し、食事はできるだけ一緒のテーブルで食べて、本人の食べ方や嗜好（食べやすい大きさや硬さ）、会話（Dさんのお宅では、かぼちゃの煮物はどういう味つけですかなど）を記入し、生活支援会議でケース記録の内容をまとめました。

　次に、入浴時の様子や浴槽へ入るタイミング（身体を洗うのが先か洗髪が先か、浴槽に入った後で身体を洗うのかなど）、夕方の過ごし方、夕食（朝食、昼食時との違い）、食後の過ごし方、寝るまでの準備と夜間の居室での様子、居室の明るさ等を観察して記録に残し、翌月の生活支援会議でまとめました（**図表2-11**）。

ケアの課題の明確化と実現

■視点を絞った聞き取り

　大きな課題は、Dさんが24時間を過ごしている中で、本当はどう思っているのか、何を考えて過ごしているのか、本当はどうした

24Hシートの変化

図表2-11　導入直後（一部抜粋）

時間	生活リズム	意向・好み	自分でできる事
0:00			
7:00	起きる	他の人や職員がリビングにいると気になるが、交流は遠慮したい。朝ご飯までに寝てたら、起こしてほしい。	起きるか決めることができる。身体をベッドから起こせる。靴を履き、カーテンを開ける。
7:15	顔を洗う、着替える	顔を洗ってさっぱり目覚めたい。	顔を洗う、服を選び着替える。
8:00	朝ご飯を食べる	量はみなさんと同じでいいです。	箸で、ご飯を食べる。
8:30	朝の薬を飲む（B）	【家族】便秘に関しては神経質で飲めば出るんじゃないかと薬に依存している傾向もある。 【本人】不安な時は、看護師にどうすれば良いかその都度聞きたい。聞けると安心する。	手のひらにのっている薬を口に入れ、水で飲む
8:45	おやつを選ぶ	おやつを迷った時は、周りの人と同じにしたい。クッキー、ビスケットが好き。果物も好き。しょっぱいものよりも甘い物が好き。	おやつを選ぶ。
9:00	テレビを観る（C）	みんなが観ている番組を、一緒に観る。のど自慢が番組では好き。ニュースの情報は全て疑いなく受け入れ、マイナス思考に捉えてしまう。自分もそうなのではと不安である。（C）	テレビを観る。（C）
10:00	牛乳を飲む	お腹の調子に合わせて冷か温か決めたい。	冷たいのか、温かいのか決めることができる。冷たい場合は、ストローをさし、牛乳を飲む。温かい場合は、自分の加減で、冷ましてから牛乳を飲む。
	書道教室に行く（月3回）	前より上手になってきたので続けたい。	行くか行かないか決めることができる。地域交流スペースに行く。書道をする。
10:30	テレビを観る（C）	（C）同様	（C）同様
12:00	お昼ご飯を食べる（E）	量はみなさんと同じでいいです。	箸で、ご飯を食べる。
12:40	テレビを観る（C）	（C）同様	（C）同様
14:00	お風呂に入る	【本人】精神的に落ち着き、安心して過ごせるように配慮してほしい。※入浴マニュアル参照	※入浴マニュアル参照
18:00	夕ご飯を食べる（E）	皆さんと同じでいいです。	箸で、ご飯を食べる。
20:00	寝る	部屋の電気は、真っ暗にして寝たい。でも、昔は豆電球ほどの薄暗い明かりのみで寝てた。	部屋のドアを閉める。ベッドに横になり、休む。

いのかを探ることです。具体的に観察しやすく、情報がとりやすいと思われる次の8点を明確にしました。

①朝起きた後の時間をどのように過ごしたいのか
②朝食はどのくらいの量がいいのか、どのようなこだわりがあるのか、朝食で好きなものはあるのか、飲み物は何がいいのか

サポートの必要な事	その他
目覚めているか、様子を伺う。寝ているときは、そのまま様子を見る。	
様子確認。	
部屋にいる場合は、ご飯が届いたことを伝える。席に着いたら、ご飯と汁の量を確認する。	
薬を手のひらにのせる。口に入れるまでの確認と飲み込んだかの確認。落としてしまうこともあるので。	
どれがいいか聞く。食べたことのないおやつなどは、分かりやすい説明をする。または、写真があるので写真を見せて説明をする。	
様子確認。テレビを観ていて、「何だか分からないわ。」と、言われた時は、番組を説明しながら違うものを回してみる。（C）	
温めるかうかがう。温める場合は、レンジで温める。	
行くか伺う。行く場合は、地域交流スペースまで付き添う。	
（C）同様	
ご飯の用意をする。ご飯と汁の量を確認する。	
（C）同様	
※入浴マニュアル参照	
ご飯の用意をする。ご飯と汁の量を確認する。	
様子確認。	
安全確認、様子をうかがう。	

第2章 入居者の生活支援への活かし方

❹ 特に生活上の意向がない人への活用

図表2-12　情報収集後

時間	生活リズム	意向・好み	自分でできる事
0:00			
〜	〜	〜	〜
7:00	起きる	他の人や職員がリビングにいると気になるが、交流は遠慮したい。朝ごはんまでに寝てたら、起こしてほしい。	起きるか決めることができる。身体をベッドから起こせる。靴を履き、カーテンを開ける。
7:15	顔を洗う、着替える	顔を洗ってさっぱり目覚めたい。	顔を洗う、うがいをする。入れ歯を入れる。髪をとかす。服を選び着替える。
7:30	部屋でぼーっとする(A)	家のことが心配。他の人の行動が気になる。でも一人でいるときも、落ち着くから嫌いではない。(A)	いすに座り、部屋にいる。(A)
	部屋でコーヒーを飲む	朝は、コーヒーがいいね。でも、たまにお薬もいいね。でも、あまり飲むとご飯が食べれなくなるからあまりいらない。でも、飲むか聞いてほしい。	部屋のいすに座り、自分の加減で、冷ましてコーヒーを飲む。
	食前薬を飲む	これ飲んでから、かゆいのが良くなってきたわ。【家族】精神的に落ち着き、安心して過ごせるように配慮してほしい。	手の平にのっている薬を口に入れ、水で飲む。
8:00	朝ご飯を食べる	ご飯・汁の量はなるべく少なめで自分で決めたい。他の人のご飯の量が気になり、自分のほうが多いと「私はこんな食べちゃって」と気になる。また、一番先にご飯の用意ができちゃうと他の人を気にしちゃう。できれば、私のは、みんなと同じで用意してほしい。朝は納豆が好き、それさえあればおかずはいらない。あまり、ふりかけは好まない。好き嫌いはないけど、かぼちゃやじゃがいもは、特に好き。珍しい食べものには興味が湧く。遠慮しがちであるが、本当は、おいしいものを食べたい気持ちが人一倍強い。硬いものは、噛みにくいので切ってほしいが、自分から言うのは遠慮しちゃう。漬物は、細かいのなら食べることができる。	ご飯や汁の量を決める。箸で、ご飯を食べる。
8:30	朝の薬を飲む(B)	「こんな薬飲んだってどうなるわけでもないのに」と、薬に対して効果を期待しない。【家族】便秘に関しては神経質で、飲めば出るんじゃないかと薬に依存している傾向もある。【本人】不安な時は、看護師にどうすればよいかその都度聞きたい。聞けると安心する。	手の平にのっている薬を口に入れ、水で飲む。
8:45	おやつを選ぶ	おやつを迷った時は、周りの人と同じものにしたい。クッキー・ビスケットが好き。果物も好き。塩っぱいものよりも甘いものが好き。	おやつを選ぶ。
9:00	テレビを観る(C)	みんなが観てる番組を、一緒に観る。他の番組は、わからないから。他の人の目を気にしてしまうから、自分のやりたいことも我慢しちゃう。番組ではのど自慢が好き。ニュースの情報はすべて疑いなく受け入れ、マイナス思考にとらえてしまう。自分もそうなのではと不安になってしまう。(C)	テレビを観る。(C)
10:00	牛乳を飲む	お腹の調子にあわせて、冷たいのか温かいのか決めたい。	冷たいのか、温かいのか決めることができる。冷たい場合は、ストローをさし、牛乳を飲む。温かい場合は、自分の加減で、冷ましてから牛乳を飲む。
	書道教室に行く(月3回)	仲の良い入居者と一緒に行きたい。上達していく自分が嬉しい。やるなら本格的にやりたい。書いている時は、あまり周りが気にならない。【家族】精神的に落ち着き、安心して過ごせるように配慮してほしい。	行くか行かないか決めることができる。地域交流スペースに行く。書道をする。
10:30	テレビを観る(C)	(C)同様	(C)同様

サポートの必要な事	その他
目覚めているか、様子を伺う。寝ている時は、本人は、朝ごはんまでに起きたいと気にされるので、「おはようございます」と声をかける。	
様子確認。	
様子確認。(A)	
自分からは遠慮して言えないから、入れてくれると嬉しい様子。本人に何か飲む?コーヒー?お茶?と確認後、様子を伺い、コーヒーを作り、渡す。コーヒーは、マグカップ半分にコーヒー粉とクリープを、中スプーン1杯、砂糖中スプーン2杯を入れて部屋に持っていく。	
日付と名前を確認する。薬を手の平にのせる。落としてしまうこともあるので、口に入れるまでの確認と飲み込んだかの確認。	慢性結節性皮膚炎の症状を抑える薬であり、服用してから、少しずつ症状が改善されている。
部屋にいる場合は、ご飯が届いたことを伝える。席に着いたら、ご飯と汁の量を確認する。ご飯は最初職員が盛り付け、微調整は本人におひつを手渡し行っていただく。自分所有の納豆を食べるか確認する。コーヒーを飲んだコップが空になっていたら、洗ってお茶を入れる。 硬い物や噛みにくいものがメニューにある場合は、本人が遠慮して言わないことがあるので、職員から「食べやすく切りましょうか」と、声をかけ、確認をする。漬物のみ、本人の希望にてミンチ形態で届くので、「細かいのがありますが、いかがですか」と聞き、確認をする。	納豆は、火・金は施設で出るが、それ以外の日でも食べたい希望があるので、毎週月曜日の移動販売のときに納豆を一緒に買いに行く。
薬を手の平にのせる。落としてしまうこともあるので、口に入れるまでの確認と飲み込んだかの確認。	ご本人が便秘で不安な時は、看護師に話を聞いてもらう。
どれがいいか聞く。食べたことのないおやつなどは、わかりやすい説明をする。または、写真があるので写真を見せて説明をする。	
様子確認。テレビを観ていて、「何だかわからないわ」と、言われた時は、番組を説明しながら違うものを回してみる。(C)	
牛乳の用意をする。温める場合は、電子レンジで2〜3分温める。	
行くか伺う。行く場合は、地域交流スペースまで付き添う。	
(C)同様	

❹ 特に生活上の意向がない人への活用

時間	生活リズム	意向・好み	自分でできる事
11:45	茶碗の用意（D）	自分のものはわかるから、声をかけてくれれば用意する。精神的に落ち着き、安心して過ごせるように配慮してほしい。(D)	自分の茶碗や箸を選び、テーブルに置く。(D)
12:00	お昼ご飯を食べる（E）	ご飯・汁の量はなるべく少なめで自分で決めたい。混ぜご飯やいつもと違うご飯は、たくさん食べたい。麺類は、ご飯と違って量を決めるのが難しいけど、いつものご飯の量より少し多めに食べたい。たくさん食べたいけど、お腹いっぱいになるから、おかずは少し減らすわ。 他の人のご飯の量が気になり、自分のほうが多いと「私はこんな食べちゃって」と気になる。また、一番先にご飯の用意ができちゃうと他の人を気にしちゃう。遠慮しがちであるが、本当は、おいしいものを食べたい気持ちが人一倍強い。硬いものは、噛みにくいので切ってほしいが、自分から言うのは遠慮しちゃう。漬物は、細かいのなら食べることができる。	昼食が届く前に献立表の確認をしている。台車にのっている昼食を確認する。ご飯や汁の量を決める。箸でご飯を食べる。
18:00	夕ご飯を食べる（E）	お魚は、味が合わないものがあるのよね。本当は残したくないけど、食べられない時は残すわ。 ご飯少なめって言うけど、本当は夜中お腹っへちゃう時があるのよね。	(E)同様
20:00	寝る	次の日の早番出勤職員が知りたい。当日の夜勤者がわかると安心する。夜はドアを閉めて寝たい。部屋の電気は、真っ暗にして寝たい。でも、昔は豆電球ほどの薄暗い明かりのみで寝てたの。	部屋のドアを閉める。電気を消す。ベッドに横になり、休む。
21:00			
21:30			
22:00			
22:30			
23:00			
23:30			

③トイレはほぼ自立だが、排尿のタイミングや排便のタイミング

④入浴時の湯の温度、洗う順番やこだわり

⑤昼食と夕食はどのくらいの量がいいのか、どのようなこだわりがあるのか、昼食と夕食で好きなものはあるのか、飲み物は何がいいのか

⑥日中の過ごし方ややりたいことはあるのか

⑦夕食後から寝るまでをどのように過ごしたいのか、何時頃寝るのか、部屋の明るさはどれのくらいが眠りやすい環境か

⑧寝てから朝起きるまで、部屋への巡回はこまめに様子をみたほう

サポートの必要な事	その他
声をかけて、自分のものを選んでもらうようにすすめる。(D)	
献立表を本人が見えやすい位置に掲示しておく。台車にのっている昼食を確認されている場合は、昼食の説明をする。ご飯の用意をする。ご飯と汁の量を確認する。麺類は結構好きなので、確認しながら盛り付ける。硬いものや噛みにくいものがメニューにある場合は、本人は遠慮して言わないことがあるので、職員から「食べやすく切りましょうか。」と、声をかけ確認をする。漬物のみ、本人希望にてミンチ形態で届くので、「細かいのがありますが、いかがですか。」と聞き、確認をする。	
(E)同様 魚に関しては確実に嫌いな魚のときは代替対応。最後に少し残ったご飯を「ご飯ちょっと余ったけど食べます?」と声をかけると「余ってるなら」と食べるので声掛けする。	
様子確認。	寝れない時(心配事がある時)は、職員の近くで過ごすことあり。お金や家族のことが気になり、話してくるときは、傾聴する(話の結論は理解できているので、不安な気持ちを聞いてほしい)。
安全確認、様子を伺う。	
眠れない時は、リビングに来られる。本人はさまざまなことに興味を抱き、机にある記録や個人情報を見ようとされるため、しっかりと管理し、控えていただくよう促す。また、お菓子や他の入居者の飲み物などを用意し、置いたままにしておくと、本人は気になり、ひと口味見をすることもあるので気を付ける。その時は、声をかけ、本人用に用意する。また、夜中にお腹が減り、お菓子等が部屋にある時は食べていることがある。お菓子等ご家族が持ってきたとき、本人が買った時に一緒に賞味期限を確認する。	

が安心するのか、または3時間ごとがいいのか

①から⑧について、普段の会話と行動に注意しながら記録に残していきました。視点を絞ったことで、職員も見るべきポイントや何を記録に残せばよいのかが明確になり、情報が徐々に集まり始めました。

■誰のための情報なのか

8項目に絞って1か月が経過し、情報量は増えましたが、Dさんが朝起きた後の時間にとって最善なのはどの情報なのか、判断でき

ません。職員同士「私の情報のほうが正しい」と主張し合い、情報をまとめようにもまとまりません。こうなると、誰のための情報なのか、その本質を見失っている状態です。

　そこで、施設ケアマネジャーから「さらに的を絞って支援して、Dさんの反応を見て決めてはどうか」という提案が出され、1日のスタートであり、本人の生活に一番影響が大きいと思われた朝起きてから朝食の時間まで、リビングで過ごすのか居室で過ごすのか、何か飲みたいものはあるのかについて、2週間様子を観察し、声をかけて反応をみました。

　すると、部屋でコーヒーを飲んでいるときはDさんの表情もよく、その後も精神的に安定していると、ケース記録に書かれていることが多くみられました。ここから、朝起きてから朝食前までのサポート方法が決まったのです。

　情報収集とまとめを繰り返すうちに、職員同士の意見もスムーズにまとまるようになり、翌月にはすべての情報が出揃いました（**図表2-12**）。

　その後、職員がDさんと同じテーブルで食事を摂ることでわかったのは、朝・昼・夕食の違いです。朝食は、他の入居者はばらばらに起きて食べるため、周囲を気にせずに食べていました。Dさんは無類の納豆好きということで、納豆を食べる日は、納豆をおいしく食べられるご飯の量を決めていました。

　昼食は、混ぜご飯やいつもと違うご飯のときは、食べる量が多いようです。麺類は、ご飯と違って量を決めるのが難しいですが、ご飯よりも多めに食べています。そのときはおかずを少し減らしていました。おいしいものを食べたいという気持ちが記録から読み取れました。

　夕食は、嫌いな魚を代替料理に変更した後は、献立を確認してから「何が届くのだろうね」と、職員と会話をするようになりました。食べるときは、同じテーブルの入居者に気をつかうように食べますが、食後は「おいしかった」と職員に言います。

まとめ

　当初は1か月で24Hシートを作成する予定でしたが、最終的に2か月かかりました。しかし、Dさんが我慢していたことや不安な気持ち、何気ないこだわりを把握することができました。

　その時々で状況は異なるので、その後も、心身状態に応じた声かけの仕方の統一について会議で話し合い、実践しました。すると、精神的に安定している時間が以前よりも多くなりました。

　Dさんが我慢していることや不安なことはまだあるでしょう。これからも継続して変化に対応できるよう、観察と記録を継続し、暮らしがより安定できるようにサポートしていきたいです。

　施設に入居したくて入る人はまれです。入居したときの精神的なダメージは、職員が思う以上に大きいでしょう。その精神的な負担を軽くするためにも、その人が何を考えて、どうしたいのかを探ることが大切です。それまでの暮らしを継続するためには、精神的な安定が欠かせません。身体的な情報はすぐに把握できますが、精神面は状況に影響されるので、把握するまでに時間がかかります。また、たとえ把握しても、職員の対応次第で大きく変わります。精神的に不安定になると、職員の負担も大きくなります。だからこそ、声のかけ方や対応を統一することが入居者、職員双方に大きな影響をもたらします。

　対応を統一するためには、ミーティングや会議を通して職員間でいかに情報やサポート方法のすり合わせができるかにかかっています。一部の職員が作成し、「来週から○○さんの対応はこのような形で行いますので、よく読んでおいてください」といっても、統一されないでしょう。大切なのは、なぜその対応に至ったのかという根拠とプロセスなのです。

第2章 5

失語症の人への活用

● 特別養護老人ホーム「花友にしこうじ」（京都府京都市）

● 概要

　Eさん（66歳、男性）は要介護3で、障害高齢者の日常生活自立度B1、認知症高齢者の日常生活自立度Ⅱaです。正常圧水頭症、脳梗塞、高血圧症、高脂血症の既往歴があります。Eさんは新潟で生まれ、東京の大学を卒業しました。その後、叔父の営む呉服店を手伝うため、京都へと移住しました。しかし、叔父から代が変わり、後継者との折り合いが悪くなったために退職し、その後は職を転々としました。結婚歴はなく、兄が1人いますが、現在かかわりはありません。

　Eさんは平成21年2月に脳梗塞を発症し、入院となりました。それを機に右片まひとなり、失語症も現れました。Eさんを受け入れる身寄りもなく、同年10月の退院と同時に、特別養護老人ホームに入居しました。入居後は、軽度のまひはみられるものの、ゆっくり話すことはでき、ほとんどが見守りや声かけで生活できていました。自分のペースで生活を楽しみ、夜遅くまでテレビを観て、朝早く起床する生活でした。外出することも多かったです。

　しかし、23年1月に多発性脳梗塞を発症し、2か月ほど入院して退院しました。その後、杖歩行も困難になり、車いすでの生活となりました。かかわる職員も知識もない中で、注意しないといけない点である、ただ話すことが困難であるだけなのに、それを尊重した接し方もしませんでした。逆にイライラして聞く側が遮ったり、代わりに判断して言ったりしていました。Eさんもますます混乱し、失語症が顕著になり、ほとんどコミュニケーションがとれなくなりました。介護拒否や想いが伝わらない焦燥感などもあって、部屋に閉じこもる生活となりました。その結果、交流が少なくなり、孤立した生活と他者とのトラブル増加など、個人だけの問題だけではなくなりました。さらに廃用性の進行と食事量の低下、体重の減少と、問題は山積みとなってきました。その上、コミュニケーションもうまくとれず、職員はどうかかわればよいのかわからず、困惑していました。

24Hシート作成の流れ

　職員は、失語症の知識もなく、Eさんとのかかわりに困惑していました。それは、どう接してよいのかわからず、伝わらないままに介助して拒否があったり、他の職員がどうしているのかもわからない状況でした。そのため職員の対応は、ホワイトボードや50音表を使ったり、話し方や速度などもバラバラで、統一感がありませんでした。Eさんも混乱している様子で、口数も少なくなり、さらに意欲低下が進みました。

　そこで、今後Eさんとどうかかわるか、どうすれば以前のように自分のペースで過ごせるかを検討しました。まずは失語症の正しい知識をユニットで共有できるように、看護師に、失語症に関する知識や対応について相談しました。看護師も、介護職のバラバラな対応はよくないと感じていました。そこで看護師から、個別に資料を配布したり指導するだけでは伝わりにくいので、勉強会を開催してはどうかと提案があり、開催することにしました。さらに皆が同じ知識をもち、同じ力量でケアを提供できるよう、24Hシートを作成して対応できるように話し合いました。

　ユニットリーダーと居室担当者が中心となり、24Hシートの作成を進めることにしましたが、Eさんのコミュニケーション能力の把握すらできていませんでした。そこで、以前のEさんとの違いを把握し、現状を知るために再度情報を収集しました。

　その際、Eさんからの言葉が重要と考え、どのような環境で、どのように会話したかなどを、しっかりと記録しました。そして、本人の想いをできるだけひろう会話を心がけました。職員にも力量の差があったため、表情などひろいにくい部分には、観察項目を作成しました。同時に、元々施設にあった項目に、看護師から、失語症の人は、人格や感情は保たれているという助言で、意欲を取り戻すという視点からEさん用に追加した聞き取り項目60個を作成しました。それは、好きなテレビや読書、外出など、脳梗塞を発症する前の暮らしに沿った項目と、現在の身体機能に合わせた今後のあり方や部屋の環境などでした。そして、落ち着いた雰囲気の中で、お互いの表情がしっかりとわかるような環境でという看護師からの助

24Hシート

図表2-13　Eさんの24Hシート

時間	生活リズム	意向・好み	自分でできる事
0:00 〜	眠っている	・電気は真っ暗にしてほしい ・(陰部) かゆくなるときがあるので、薬を塗りたい	・用事があればナースコールで知らせる ・自分で陰部に薬を塗る ・眠れない時はテレビを観る ・トイレに行きたい時、コールできる
〜〜〜	〜〜〜	〜〜〜	〜〜〜
6:30	①目が覚める	①ナースコールを鳴らすので来てほしい　6:30頃には起きたい	①起きたい時にナースコールを鳴らす　起き上がり、車いすへの移乗
	②洗顔する。トイレに行く	②温かいタオルで顔を拭きたい　髭そりは頻繁にしなくてもいい	② ・温めたタオルで顔を拭く ・ワセリンを自分で顔に塗る ・ひげを剃れる
	③新聞を取りに行く	③読書が趣味なので、文字を理解できるようになりたい	③エレベーターを使って事務所まで行く
	④ユニットでテレビを観る。新聞を読む	④大きい画面のほうのテレビが観たい	④テレビの前まで移動し、リモコンを操作する ・新聞を見ることができ、ある程度は理解できる
7:00	テレビを見ている	テレビはBS (衛星放送) や動物の番組が好き	用事があれば手を挙げて職員を呼ぶ、もしくは呼びに来る
7:30	起きてきた周りの入居者にあいさつをする	少しでも話したいし、話せるようになりたい	ゆっくりと頭を下げることができる (あいさつができる時もある)

サポートの必要な事	医療・栄養・リハビリ	備考
・1時間おきに部屋の様子を見に行く ・ナースコールの対応をする（トイレは起床時を参考） ・室温、掛け布団の調節 ・陰部に薬を塗る際は、手袋を着ける手伝いをする	失語症について ・間を十分に入れて話す ・短く簡単な言葉で表現する ・最後まで聞く ・お互いの表情がわかるように話す ・入院前と語調は変えない ・イエス、ノーで答えやすい表現も使う ・伝わりにくい時は、ジェスチャーかホワイトボードを使う	眠れないときはベッド上で体動があるため、転落には気をつける（特に右側） 以前、ベッドのリモコンを触り、壊れたことがあるので、臥床時は手の届かない場所に置いておく（本人もそれを望んでいる）
①カーテンを開ける ・移乗は、小灯台の引き出しに入った手順用紙を参考に移乗介助する ・起床時は思うように身体が動かない時があるので、できないところ（お尻を支えて立位補助をする等）は手伝う ・少しでも会話する機会をもつ		①今日の調子はどうかなど会話する時間をもち、1日前向きになれる言葉かけをする
② ・フェイスタオルを濡らし、電子レンジで1分間温める。 ・電動シェーバーを渡す（ひげが伸びていなければ渡さなくてもよい） ・トイレの声かけを行い、移乗の際の回転時に腰を支え、ズボンを下げる。排泄後は、立位を取り、ズボンを上げる。パッド内を確認し、排尿が出ていれば交換する。陰部は男巻きにする	ワセリンがなくなれば補充する	② ・尿の量や色を確認し、記録に記載する ・パッドは終日、臀部に排便時にも有効なパッド、陰部に尿取りパッド ・肌が弱いので保湿が必要
③エレベーターの乗り降りの安全確認		③エレベーターに挟まれないように注意する
④ユニットの空調を調節する ・新聞を読めるようにテーブルの上を整理しておく		④テレビが大好きで、新聞のテレビ欄をチェックし、観たい番組の時間はしっかり覚えている
・言われたことに対応する（話すことを保証する）。内容がわかりにくい時は、ホワイトボードを使う。多く話す機会をもつ ・飲み物を出す（希望の飲み物を伺う）。水分にはスプーン1杯のとろみをつける	【医務】 1日の水分量が少ないため、起床から朝食までの間に飲み物を出す	飲み物は、メニューを見せて指を指し選択する
・会話が一方的になりトラブルとならないように見守る ・一緒にあいさつし、会話を広げるようにする		周りの入居者の訴えを、職員に手を挙げて知らせてくれることもある

⑤失語症の人への活用

8:00	朝食を食べる	・コーヒー牛乳が好き ・テレビを観ながら食べたい	・自分で食べる。食べ終わると職員に知らせる ・食後、エプロンを外し、下膳しやすいように食器をまとめられる
8:30	朝食後、薬を飲む。歯磨きをする	病気の再発は防ぎたい	・手のひらに乗せて自分で服用できる ・歯磨き、うがいができる ・センサー付きの水道で水を入れることができる
9:00	リハビリをする	・歩けるようになりたい ・少しでも話せるようになりたい	・リハビリ室まで行ける ・手すりを持って支えて歩ける ・立位がとれる
9:30	部屋で休む、フロアでテレビを観て過ごす、入浴前の健康状態を測る、トイレに行く	テレビはBSや動物の番組が好き	思うように動き、必要があれば職員を呼ぶ
10:00		血圧が高いのは怖いから下げたい	腕を出すことができる
10:30	お風呂に入る（水・土）	短時間で済ませたい	風呂場までの移動、上着の脱衣（途中まで）、手の届く場所を洗う、手袋をつけると自分で陰部にラミシールを塗ることができる

・スプーンとフォークを準備する ・食事の準備、配膳。飲み物でむせる時があるため、「ゆっくり飲みましょう」等の声をかける。水分には、スプーン1杯のとろみをつける ・むせても食べ続けることがあるため、声をかける ・食事時、膝の上にタオルを置く ・エプロンを着ける(自尊心に配慮する) ・スプーンを使わず、器を舐めるように食べたり、流し込むように食べたりしないように、こまめに見守り、スプーンを使うように声をかける	【栄養】 身長:170cm 体重:58.4kg BMI:20.2　Alb:4.0低リスク 必要エネルギー:1620kcal 必要タンパク質:60g 必要水分量:1600ml	(食種) 菓子パン・コーヒー牛乳 (自助具) 柄の太くなったスプーン、フォークを個人で、所有エプロンは5枚所有
・薬を落とさないように服用の見守り、確認をする ・歯ブラシに歯磨き粉をつけ、空のコップを準備する	【医務】 (内服) ・ユリノーム(尿酸の再吸収を抑制し、尿酸の尿中排泄を促進) ・オルメテック(血圧を低下させる) ・ノルバスク(血圧を下げたり、狭心症の発作を起こりにくくする) ・ゼチーア(血中コレステロールを低下させる)	稀に首を振り「飲めへん」というニュアンスをすることがある。その時は「大事な薬なので1粒ずつゆっくり飲みましょう」と伝える
・平行棒で前につき、歩行練習 ・バランス練習、起居動作訓練、移乗動作訓練 ・ホワイトボードは、たとえ使わなくても準備する ・言葉の環境を作る(話す、聞く、見る、読む、書く)	【医務】 必ず伝わったかどうかの確認を行う。伝わらなかったら繰り返したり、別の言い方にする 【PT】 自分でできる生活動作は、能力維持のため、促す	活きた言語刺激を多くもつように配慮する。片まひによる右側の倒れ込みには注意する
・言われたことに対応する(話すことを保証する)。内容がわかりにくい時は、ホワイトボードを使う。多く話す機会をもつ		リネン交換(週に1回)
・電動の血圧計を使用してバイタルを測定する ・平均値を超えた時は、医務室に連絡し、指示を仰ぐ ・随時、トイレの希望があれば行く(希望なければ3時間おきに声をかける。介助は起床時と同様)	入浴前のバイタル測定(水・土) 普段から血圧は高めである(上が150以上もしばしば) 平均血圧　140〜150/90〜100 脈90前後　平均体温36.5℃	
・上着の着衣、下衣類の着脱衣、本人の手が届かない部分を洗う、洗髪、湯船の出入りの補助(身体を持ち上げる、支える) ・入浴前に頭部の脂漏性湿疹を確認し、湿疹の多い部分はベビーオイルでマッサージする。ベビーオイルがなくなれば職員が代行購入する ・個浴を使用(浴槽の出入りは、必ず身体を支える) ・身体を洗う時の立ち上がりは、流し台と足の間にシャワーチェアの背もたれのクッションを挟む ・入浴後、顔にワセリンを塗る	顔面脂漏性湿疹(ロコイド軟膏) ラミシール、ワセリンがなくなれば補充	風呂上りは疲れがみられるので、昼食の時間をずらすこともある。血圧が150以上の場合、基本は清拭にて対応する

言がありました。職員は、Eさんとしっかり向き合い、3日間に分けて、時間をかけて聞き取りを行いました。また、ユニット職員以外の職員がもつ情報を収集するため、誰にも書けるように、ユニットに白紙の24Hシートを置くことにしました。

医療と栄養に関しても、必要な情報を共有するため、リスクも含めて24Hシートに記入を依頼しました。身体面は、Eさんの意向を尋ねた上で、理学療法士の指示を仰ぎました。右片まひがあるため、本人のできることとできないことを含めて、理学療法士の視点で細かく記録に残すようにしました。

これらをデータ化して、日常生活における行為と本人の意向の整合性を見極め、本意であるかどうかの確認を行いました。そして、活発に生活していた以前の生活と比べて、大切にする部分の確認を行いながら、24Hシートに落とし込んだのです（**図表2-13**）。

ケアの課題の明確化と実現

■Eさんのできることを増やす多職種連携

これでEさんの暮らしぶりが発揮できることには直結しませんでした。作成された24Hシートは、情報を収集したとおり、Eさんの能力から考えると可能なことばかりでした。Eさんがどうしても自分の想いが伝えられないことと、今までできていたことができなくなった喪失感が、意欲の低下につながっていたのです。

そこで、すべての職種に呼びかけて、緊急ユニットミーティングを開催しました。そこでは、Eさんとのコミュニケーションを図る方法を統一しようと、看護師のアドバイスを交えて、失語症の人への対応方法を再確認しました。ユニット職員が失語症に対する認識が低いことに加えて、勝手な判断でケアをしたり、声かけを怠ったりと軽率な対応が多かったと感じたためです。しっかりと馴染みの関係を構築した上でかかわることが大切で、日々の声かけを増やすことを徹底しました。

介護職は24Hシートに沿った日々のケア、看護職は食事時の動作確認、リハビリ室での対応、体操サークルでの対応、持病の管理、理学療法士は個別リハの実践、日々の生活動作の確認、食事時の動

作確認、管理栄養士は食事時の嗜好調査、食事時の動作確認、相談員は毎朝のあいさつを含めた会話の機会づくり、事務員は朝夕の新聞の手渡し、施設長は新聞受け取り時の声かけが挙げられました。それらを24Hシートに、「医療・栄養・リハビリ」「備考」という項目を作って反映させました。さらには、かかわる職員全員に配布して確認、把握も行いました。

　また、Eさんには選択できる能力があり、その能力を活かす工夫を検討しました。ホワイトボードやメニュー表を使って選択できる環境を作り、声かけも「はい、いいえ」で答えられるようにすることを徹底しました。

　さらに、Eさんの喪失感を改善することについて、理学療法士と看護師を中心に検討しました。脳梗塞の発症後に車いすでの生活となり歩けなくなったことが、意欲低下の原因となっていました。Eさんは、歩けるようになりたいという想いを強くもっていたのです。そのため、理学療法士にEさんの強い想いがあることを前提に、身体機能のアセスメントと想いが少しでも叶えられるようなリハビリのメニューの検討を依頼しました。そして、24Hシートのリハビリ項目に反映させ、職員全員で共有しました。

　また、Eさんのできることが増える取り組みの検討を依頼しました。少しでも歩けるように、できることが増えるように職員がサポートすることで一致しました。Eさんも、できることや役割が増えることにより、意欲低下の改善につながると確信していました。理学療法士によるアセスメントの結果、少しの介助による歩行や起居、移乗など、実用性のある生活動作の向上など、可能性は大きく広がっていくとの見解から、リハビリの内容を詰めていきました。

　あわせて、食事状況の見直しも行いました。Eさんは、食事動作を箸、スプーンを使わずにお皿ごと流し込むように食べていました。そのため、管理栄養士と看護師、理学療法士が検討を行い、飲み込みや食べこぼし、誤嚥に対するリスクと、Eさんの自尊心を傷つけないように配慮しながら、エプロンの使用と自助具、自助食器、とろみ剤などの選定、介護職とともに練習を行って対応することで一致しました。

■サービス担当者会議で職員の熱意を伝える

　ユニットの職員と他職種が協働したことで、ケアの統一とEさんに対する意識が高まりました。24Hシートについては、再度更新しました。入居者の意欲を高める際、家族の励ましは非常に効果的です。しかし、身寄りもほとんどなく疎遠であることから、Eさんを交えたサービス担当者会議を開催しました。

　会議は、Eさんの負担を配慮して、3日間に分けて開催しました。そして、ホワイトボードや理解可能な程度の書面で、Eさんにていねいにゆっくりと説明しました。時には励まし、寄り添い、今できること、中長期的な展望を伝えました。Eさんも、歩きたい、言葉で伝えたいという想いを強くもっていたため、会議は比較的スムーズに進行しました。Eさんは、すべての職種が一つになって自分を支えてくれていると感じたようで、感謝の身振りがありました。最後に、すべての職員が24Hシートに沿って援助することと、すべての職員があきらめない気持ちを持ち続け、一緒に前を向いていくことを約束しました。そして、Eさんの想いと決意を確認して会議は終了しました。

　しっかりとコミュニケーションがとれるのか、意欲のないEさんに戻るかもしれないという不安がありましたが、ここまで真剣に向き合い考えることで、職員はチームケアの醍醐味を感じていました。24Hシートをもとに、すべての職員が同じ認識でケアをすることで、こうした不安は消えていきました。逆に、今後のEさんの暮らしぶりに、職員全員が希望と期待をもつことができました。

まとめ

　失語症の人に限りませんが、24Hシートを作成する中で、本人の希望を聞いたり探ることの大切さを実感しました。失語症というだけで入居者とのコミュニケーションをあきらめるのではなく、職員が失語症に対する理解を深めることから始めなければなりません。その上で、しっかりと本人と向き合い、どうすればコミュニケーションをとれるのか、どうすれば本人の伝えたいことを真剣に受け止められるかが重要です。

言葉を発することのできない葛藤は、意欲の低下を招きます。その葛藤をしっかりと受け止め、馴染みの関係を作り、チームで支えていく気持ちを強くもつことで、必ず未来は見えてきます。

第2章 6

生活行為に困難がある人への活用

● 医療法人笠松会「有吉病院」（福岡県宮若市）

● 概要

　Fさん（76歳、男性）は、71歳のとき、脳出血のため左半身まひの後遺症で、リハビリを経て、杖歩行まで回復し在宅復帰しましたが、翌年、転倒により左大腿骨頸部骨折となりました。人工骨頭置換術ののち、一旦は在宅復帰したものの、徐々に歩行困難となり、もの忘れも進み、75歳のとき、近隣のグループホームへ入居しました。

　グループホーム入居中に症候性てんかん発作で救急搬送され、抗てんかん薬でのコントロールが必要となり、介護療養病棟（ユニット型）に入院しました。入院時の状況は要介護4、障害高齢者の日常生活自立度B2、認知症高齢者の日常生活自立度Mです。状態が変化した時の状況は、障害高齢者の日常生活自立度C1、認知症高齢者の日常生活自立度Ⅳです。車いすに座っても、立ち上がろうとしてずり落ちてしまいます。食事を自分で食べようとしても、口に入れるスピードと飲み込みのタイミングが合わずに食べこぼしが多いです。夜になると大声を出し、尿取りパッドを放り投げ、放尿しています。だらだらと出る軟便で、お尻もかぶれています。これまではつなぎ服でロックしていたらしく、家族の希望は「昼夜逆転とおむつを外す原因を取り除き、快適な暮らしを送りたい」ということでした。

　そこで居室にカーペットを敷き詰め、自由に動ける環境を確保しながら、下剤の調整と陰部洗浄、排泄パターンのチェックを開始しました。医師と相談の上、長期服用の向精神薬を徐々に減量し、食事は自分で食べる意志を尊重しながら、座る姿勢や食事形態を工夫し、見守りと必要時の介助です。

　ところが、両肺野の肺炎と心不全の発症で、想定以上に食べる思いと機能のギャップ、そして食べることへのリスクを突きつけられました。ADLや嚥下機能はさらに低下してしまいますが、食べる意思だけは変わりません。

24Hシート作成の流れ

■再アセスメントからみた課題

　まず、多職種（理学療法士・言語聴覚士・栄養士・看護師・介護職）でFさんの食事の場面にお邪魔して、座位保持、摂食・嚥下、排泄機能をアセスメントし、ケアの方法を検討します（アセスメント）。本人が好きなものを目の前に置いて関心を惹くことも、もっている力を引き出す重要なポイントです。実践しながら観察し、評価・修正といった作業を繰り返しながら、介護職が24Hシートに書き込んでいきます。ケアのミスマッチにより生じている問題と、本人のもつ力を最大に発揮できる方法を探していきます。Eさんの再アセスメントは、次のとおりです。

① "起きる" を支えるために必要なこと

　麻痺・拘縮・円背・可動域制限などに応じた車いすやテーブル、背もたれの角度やシーティングの必要性など、理学療法士が中心となり検討しました。以前はベッド用手すりを持って立ち上がり、車いすに移乗していましたが、座位の保持も背もたれがないと傾いてしまいます。円背があり、疲れると前に傾くことがありましたが、90度の角度だと前に傾き、頭が垂れて口が開いたままになってしまいます。

② "食べる" を支えるために必要なこと

　食べ物の認知と、捕食・摂食・嚥下機能をアセスメントします。覚醒状況、視野狭窄や視空間麻痺の有無、姿勢、入れ歯や口腔内の状況、食器の配置や自助食器の必要性、嗜好や嚥下機能に合わせた食形態と介助方法など、言語聴覚士・栄養士・看護師・介護職で検討しました。Fさんは食べたい思いは強いものの、座位になると前に傾き、頭が垂れて口が開いたままで捕食できません。覚醒レベル・咀嚼・嚥下機能全般に低下し、入れ歯があってもよく噛まずに飲み込んでいます。

③ "出す" を支えるために必要なこと

　ADLに応じた排泄方法、排泄パターンの分析、睡眠を妨げない尿量に応じた合わせたパッドの選定と交換方法、おむつの当て方を、介護職と看護師で検討しました。だらだら便は下剤の減量で改善し

❻生活行為に困難がある人への活用

24Hシート

図表2-14　Fさんの24Hシート
更新前

時間	生活リズム	意向・好み	自分でできる事
0:00			
〜	〜	〜	〜
8:00〜8:30	起きる	目が覚めてから起きたい。	横を向くときにベッド柵を持つ。 用のある時はナースコールを押す。
	顔を洗う 髭を剃る 髪を整える	身だしなみを整えてからリビングに出たい。 温かいタオルで顔を拭きたい。	タオルで顔を拭く。
8:00〜8:30	ご飯を食べる	自分のペースで食事したい。 服を汚したくない。 安全に食事したい。	スプーンを使い自分で食べる。 お茶を飲む。 口を拭く。
9:00	薬を飲む	一つにまとめて飲みたい。	口を開ける。 お茶で飲む。
10:00	歯を磨く	口の中を綺麗にしておきたい。	
	ベッドで休む		
10:30	お尻をきれいにする	きれいに拭いてほしい。 かゆくなるのは嫌。	横を向くときにベッド柵を持つ
11:30	お風呂に入る	ゆっくり入りたい 徐々にお湯を温めてほし(38℃〜42℃)	袖に手を通す
11:45	起きてリビングに行く		

78

サポートの必要な事	気をつけること
訪問し目が覚めていたら声かけし起きるかどうかの意思確認をする（眠られている際は時間をずらし声をかける）。移行時は身体の下にスライディングシートを敷く。その後NHR車いすをベッドの横に平行に止める。ベッド柵を外しスライディングボードを腰のあたりに差し込み、スタッフ2名にてスライドさせ移行する。※両腕が巻き込まれないように注意する。	ソフト②：1400kcal　全粥　汁・お茶とろみ2杯半（少し固め）食べこぼし有れば摂取量から引いて記録する。大きな食事は小さく刻み、固いものは少しつぶして提供すること。備え付けのレモン・笹の葉などは配膳時に外しておくこと（以前レモンを食べられ、強くむせ込まれたので注意）
お湯でタオルを濡らし、絞ったタオルを手渡す。拭き残しがあれば介助する。入れ歯を入れる。ひげ剃り（シェーバー）を使用し髭を剃る。リビング用の膝かけ、またはバスタオルを膝にかけてリビングに出る。	内服…テグレトール錠200㎎（朝・夕）…てんかん発作を予防する薬　副:眠気・めまい ・セデコパン錠0.5㎎（朝・夕）…抗不安・抗うつなど心身安定化に作用する薬 ・マグミット330㎎（朝・夕）…便通を良くする薬 ・抑肝散（朝・夕）…神経の高ぶりを抑える薬 ・ランソプラゾールOD錠5㎎（朝）…胃酸の分泌を抑える薬 ・アムロジピンOD錠5㎎（朝）…血圧を下げる薬 ・ワーファリン（夕）…血液を固まりにくくする薬　副:出血傾向になるので外傷時には注意する。 ・パルナックカプセル0.2㎎（夕）…前立腺肥大症に伴う排尿障害の治療薬　副:めまい・かゆみ ・ゾルビデム酒石酸塩錠5㎎（夕）…寝つきを良くする薬 ・ロヒプノール錠1（夕）…寝つきを良くする薬 内服潰しOK（薬剤師確認済）
自助食器使用。木の柄のスプーン・エプロンあり。お茶・汁　とろみ1杯半（少し固め）専用のオーバーテーブルをNHR内に差し込む。食事をセッティング（必ず副食を1口サイズに切り分ける）し、持参のエプロンをつける。エプロンの下にタオルを入れ、服が汚れないようにする。スプーンを手渡すと自分で食事する。※むせ込み等多いため近くで見守りを行い、飲み込みが進まない時は声かけを行うこと。むせ込み強い時は看護師報告。状況をカルテ記載。	
内服薬をすべて潰す。抑肝散等の粉状はむせ込むため、内服は1つにまとめ先に少量のとろみ茶に混ぜて口腔内に介助で運ぶ。その後はお茶で飲んでいただく。	ワーファリン内服中のため、納豆・クロレラ禁（ヤクルトは可）皮下出血に注意!! 平均バイタル…熱:35.9℃　脈:75　血圧:130／84　SPO:94%
入れ歯を外し、歯磨きを行い口腔内の残渣物を指に巻いたガーゼで拭き取る（うがいはむせ込むため行わない）。	食事中の注意:流えん（唾液）が多いため、必ず持参のエプロン＋首に巻くタオル＋エプロン下のタオルを使用すること。また、食事等で衣服（主に襟元）が汚染した場合は、臥床後必ず更衣を行う。
車いすをベッドサイドに停め、スライディングボードを腰の下に敷く。スタッフ2名にてスライドさせ移行する（両腕の巻き込みに注意）。角度20度ほどギャッジアップしておくこと。	食事を摂取した際に口腔内で送り込みが悪いようで、嚥下をしっかりとせずに次を口に入れようとすることがある。スタッフが横に付き添い「飲み込んでくださいね」と声かけを行う。
スリップラプス（M）＋コフォートエクストラ使用。ペニスを上に向けた状態でコンフォートエクストラを上からドーム状に包み、その上からスリップを閉じる。その際、スリップからコンフォートが出てくるともれの原因になるため注意すること。10:30の交換時はベッドスーパーを使用し陰洗を行う。腹部のおむつの当たっているところも拭くこと。	※現在NHRリクライニング車いすを使用中。左に傾くことがあるのでクッションを左に挟む。意向はスライディングシートとボードを使用すること。移行後はリクライニングの角度に注意。アームサポートの内側に角度の位置を白テープで明確にしているので、白テープに合わせる。テーブルはオーバーテーブルを使用すること。
機械浴使用。円背があるため、横を向く時にストレッチャー上からの転落に注意すること。着脱・洗身・洗髪は全介助。洗身・お湯に浸かった際の傾き等に注意すること。洗身時・お湯に浸かっている時はまひ側の手のひらや足の指の間をきれいに洗い、臭いのしないようにする。	おむつ交換時仙骨部の皮膚トラブル発生しやすいため、必ず皮膚確認すること。トラブル発見時は看護師に報告すること。 臀部（仙骨部）に亀裂あり、皮膚状況をチェック。 臀部を無理に広げないこと。
移行時は身体の下にスライディングシートを敷く。その後NHR車いすをベッドの横に平行に停める。ベッド柵を外しスライディングボードを腰のあたりに差し込み、スタッフ2名にてスライドさせ移行する。※両腕が巻き込まれないように注意する。	理学療法士:関節可動域訓練・筋力増強訓練・起立訓練・座位訓練 言語聴覚士:アイスマッサージ・口唇周辺マッサージ・舌運動訓練・構音訓練

❻生活行為に困難がある人への活用

時間	生活リズム	意向・好み	自分でできる事
12:00	ご飯を食べる	自分のペースで食事したい。 服を汚したくない	スプーンを使い自分で食べる。 お茶を飲む・口を拭く
13:00	歯を磨く		
	ベッドで休む	長時間の離床はきつい。	
14:30	お尻をきれいにする	きれいに拭いてほしい。 かゆくなるのは嫌。	横を向くときにベッド柵を持つ

↓

更新後

時間	生活リズム	意向・好み	自分でできる事
0:00			
8:00〜8:30	起きる	目が覚めてから起きたい。 「Fさん」と呼んでほしい。	ベッド用手すりを持ち横を向くことができる。 ナースコールを押し、スタッフを呼ぶことができる。
	顔を洗う 髭を剃る 髪を整える	身だしなみを整えてからリビングに出たい。 温かいタオルで顔を拭きたい。	タオルで顔を拭く。
8:00〜	ご飯を食べる	食べることは好きで、残したくない。食べる速さが調整できないので、むせ込んでしまう。 魚・リンゴ・牛乳が好き コーヒーはアメリカンで砂糖・ミルクは少々。	スプーンを使い口に運ぶことができるが、手首を手前にこねる癖がある。 コップを持ちお茶を飲む。 おしぼりで口を拭く。
9:00	薬を飲む	1つにまとめて飲みたい。	口を開け一回で飲みこむ。
10:00	歯を磨く	口の中を綺麗にしておきたい。	入れ歯を外す。
	ベッドでテレビを見る	TVを観たい（NHK） 歌が好き（演歌）	テレビのチャンネルを変える。

サポートの必要な事	気をつけること
8:00の項目参照	家族の思いとして、食事をおいしく安全に食べつづけてほしいという想いが強い。食事時のケア・かかわり、言語聴覚士によるリハビリの時に何か気づきがあればスタッフ間で情報共有すること。
入れ歯を外し、歯磨きを行い口腔内の残渣物を指に巻いたガーゼで拭き取る(うがいはむせ込むため行わない)。	
10:00の項目参照	
スリッププラス(M)＋コフォートエクストラ使用。ペニスを上に向けた状態でコンフォートエクストラを上からドーム状に包み、その上からスリップを閉じる。その際、スリップからコンフォートが出てくるともれの原因になるため注意すること。腹部のおむつの当たっているところも拭くこと。	家族が面会に来られる前に先におむつ交換を行い、面会時はゆっくりと一緒に過ごして頂けるように配慮する。家族面会時にその日どのように過ごされたか等の様子をお伝えする。また、居室でゆっくりと過ごしやすいようにいすの貸し出しなどする。
	室温は28℃で過ごしていただく。その中で発汗の状況や逆に室温が寒く感じられる際はその都度調整する。
	利用者及び家族の生活に対する意向
	本人） 家に帰って過ごしたい。呼んだら、すぐに来てほしい。家族と過ごす時間を楽しみたい。
	家族） 外出ができ、一緒に花見がしたい。安全で安心した食事をしてほしい。ここでの環境に馴染み安心した生活を送ってほしい。協力できることは協力したい。

サポートの必要な事	気をつけること
目覚めていたら声かけし、起きるかどうかの意思確認をする。 【移行】 身体の下にスライディングシートを敷き、両腕を胸元に組む。スタッフ2名にてスライドさせ移行する。	①座位ポジション　②食器の位置
①お湯でタオルを濡らし絞ったタオルを手渡す→拭き残しがあれば介助　②入れ歯を入れる　③髭そりシェーバーで髭を剃る　④髪をとく　⑤膝かけ、またはタオルを膝にかけてリビングへ。	
【写真参照】 ①座位ポジション・専用テーブル使用 ②食器の位置自助食器の深い部分を手前に向け、首に巻くタオル＋エプロン、下にタオルを使用。 ③スプーンを手渡すと自分で食事するが、覚醒が悪い時は介助する。むせ込みがあるときは中止し、看護師に報告。 ④とろみはさじ2杯半。	【看護師】 内服については食事摂取の有無にかかわらず、指定どおり服用 ・テグレトール錠200mg(朝・夕)てんかん発作を予防 ・ランソプラゾールOD錠15mg(朝)胃酸の分泌を抑制 ・アムロジピンOD錠5mg　(朝）血圧を下げる ・ワーファリン(夕) 血液を固まりにくくする 　※副:出血傾向 ・パルナックカプセル0.2mg　(夕) 前立腺肥大症・排尿障害 　※副:めまい・かゆみ ・エリスロシンDSW20%200mg(朝・夕)抗生剤 　※ワーファリン内服中はクロレラ禁。ヤクルトは可 　　納豆は給食の分は可 　※平均バイタル…熱:35.9℃　脈:75 　　血圧:130/84　SPO2:94% 　※仙骨部に皮膚トラブル発生しやすいので、 　　皮膚剥離発見時は至急報告！
歯磨きを行い、口腔内の残渣物を指に巻いたガーゼで拭き取る。うがいはむせ込むので禁忌。	
歯磨きを行い、口腔内の残渣物を指に巻いたガーゼで拭き取る。うがいはむせ込むので禁忌。	
【移行】 ①ベッドの角度は20度ほどギャッジアップする。 ②臥床後はテレビのチャンネルを合わせ、リモコンを握っていただく。 【室温調整】 27度に設定。発汗の状況をみて寝具で調整する。	

時間	生活リズム	意向・好み	自分でできる事
10:30	お尻のかぶれを防ぎたい	皮膚が被れやすいので、ていねいに洗浄してほしい。 かゆくなるのは嫌。	横を向く時にベッド用手すりを持つ。
10:30	リハビリに行く	自分でできることはできるだけ継続していきたい。 （家族の希望）	
11:30	お風呂に入る	ゆっくり入りたい。 徐々にお湯を温めてほしい。（38℃～42℃）	袖に手を通す。（右腕のみ）
11:45	起きてリビングに行く		
12:00	ご飯を食べる	自分のペースで食事したい。 服を汚したくない。	スプーンを使い、自分で食べる。 お茶を飲む・口を拭く。
13:00	歯を磨く		入れ歯を外す。
	ベッドで休む	長時間の離床はきつい。	
14:00	パッドを替えてほしい	きれいに拭いてほしい。 かゆくなるのは嫌。	横を向く時にベッド用手すりを持つ。

ましたが、皮膚は発赤しやすいです。尿量は一日平均120ml、回数は6～8回、1回の量は200ml程度で、尿意を知らせることはありません。おむつかぶれや排泄の有無にかかわらず、尿漏れは続いています。おむつには吸収せず、隙間から漏れていることもあります。

■ケアの課題の明確化と現実

入院後は心配されたてんかん発作もみられず、脳出血後遺症・アルツハイマー型認知症・症候性てんかん等の病状は内服コントロールで比較的安定し、昼夜逆転やおむつ外しへの対応など、環境整備やケアの工夫といった対応で、向精神薬も徐々に減量することがで

サポートの必要な事	気をつけること
【おむつ交換と陰部洗浄】 ①ベッドスーパーを使用して陰部洗浄を行い、腹部の紙パッドが当たっている箇所もよく洗う。 ②スリッププラス(M)+コンフォートエクストラ使用。尿道口を下に向け、エクストラを上から当てる。	【栄養士】 ミキサー固形食：1400kcal　ソフティア粥 汁・お茶とろみ2杯半(少し固め)　毎朝牛乳 ※食べた量は毎回チェック、体重測定は第1週/月。 　食事中にゴロ音やむせ込みがあれば、食事はいったん中止し報告。
リハビリスタッフが迎えに来る前に、おむつ交換を済ませる。	【理学療法士】 関節可動域訓練・筋力増強訓練・起立訓練 ①円背があるので、食事の姿勢はNHR車いす使用し、角度は60度(白テープで固定)を保つ。左側の背面に三角枕を使用し、身体の傾きを整える。 ②自分でたんを出し、身体の向きを変えることができるため、夜間はベッドを20度にギャッジアップしておく。
【機械浴使用】 ①機械浴ストレッチャーの手すりを握っていただく。お湯に浸かっている時に、まひ側の手のひらや足の指の間をていねいに洗う。 ②ストレッチャーでは左側を向いてもらう。	【言語療法士】 アイスマッサージ・口唇周辺マッサージ・舌運動訓練・構音訓練 ①ミキサー固形食をサイコロ状に切っても口からこぼれるので、一口大に切って摂食を薦める。前の分を呑み込めないのに、次から次に口に運ぶので注意。
【移行】 身体の下にスライディングシートを敷き、両腕を胸元に組む。スタッフ2名にてスライドさせ、移行する。	【尿もれのチェックポイント】 ※排泄後の不快感が外す原因？ 　他に考えられることは？ ①皮膚を掻いた跡はどこ？ ②パッドのどの部分が濡れている？ ③隙き間の有無とパッドの位置は？ 　※考えられる原因を付箋に貼り出し、共有する。
8:00の項目参照。	【食事のむせ込み要注意】 ※むせ込みがあれば要注意!嚥下反射が弱いので、軽いむせ込みでも。気管の入っている恐れあり!!
歯磨きを行い、口腔内の残渣物を指に丸めたガーゼで拭き取る。(うがいはむせ込むため、行わない)	
10:00の項目参照。 ①スリッププラス(M)+コンフォートエクストラ使用。 ②尿道口を下に向けエクストラで包み込む。 ③腹部のおむつの当たっているところも拭くこと。	【家族への配慮】 ①家族が面会に来られる前におむつ交換を行い、面会時はゆっくりと過ごしていただく。 ②その日どのように過ごされたか等の様子を伝える。 ③居室でゆっくりと過ごしやすいようにいすを貸し出す。

御家族説明・同意　(　　月　　　日　)　　　立案担当者(　　　　　　　　　　)
御家族サイン(　　　　　　　　　)

きました。

　ところが、両肺野の肺炎と心不全により全身状態を一気に悪化させ、体重減少、ADL低下で寝返りがやっとという状態にまで落ち込みます。これまでも飲み込みのタイミングが合わず、軽いむせ込みはありましたが、CTで確認された陰影は、両下肺野にまで浸潤しており、不顕性誤嚥※を示唆するものでした。家族には「2回目の肺炎は命取りになることを覚悟してください」と伝えられました。

　しかしEさんは、24時間の点滴や酸素吸入等の処置が施されているときでも、家族やスタッフの顔をみると「ご飯が食べたい」と、食べることを生きることへの執着のように訴えます。肺炎再発のリ

※むせることなく誤嚥すること。

スクと食べることへの思いなど、家族とも十分に検討した結果"最期まで可能な限り、口から食べること"を選択しました。

この時点における課題は、次のとおりでした。

①ADLの低下で座位が保てません。円背のため前傾姿勢となり、頭が垂れてきて口が閉じないので半開きのままです。よだれとともに食事もこぼれて捕食ができません。そこでまずは、姿勢を整え、口が閉じ、食事が認識できるポジションの確保を行います。

②咀嚼・嚥下に機能低下があり、ソフト食では飲み込みが難しいです。不顕性肺炎の既往もあり、軽いむせ込みでも食事を止めるなど注意が必要です。手首を前にこねる癖があり、自助食器のくぼみの位置ですくえずに、こぼしているときがあります。左側に半側空間無視があるのか、左側に手は行きません。肺炎による絶食も影響してか、入院時より10か月で6kgの体重減少となっています。肉眼的にもやせていて、まずは経口からの食事提供の工夫と、補助食品など栄養補給の強化も検討しました。

③夜間不穏もなく、自分で横を向くことが精いっぱいです。明らかにおむつを外し、パットを放り投げている行為はありませんが、尿漏れは持続しています。男性特有のおむつ装着に対する違和感と考えられていましたが、下腹部周辺に隙間が生じたための尿漏れと思われます。

対策としては、次のとおりです。

①座位保持はリクライニング機能を持つNHR車いすに変更し、円背を考慮して60度の角度にしました。白いテープを目印として、24Hシートには写真を掲載しました。車いすの高さに合わせてテーブルを作成しました。食事形態はミキサー固形食に変更し、一口大に切って提供しました。飲み込みが悪いときは中止し、看護師に報告します。手首を手前にこねる癖を考慮し、自助食器のくぼみを手前側に置きます。食器の位置を右側に寄せました。

②家族の差し入れには、プリンやヨーグルトを持ってきていただき、家族にも食べる楽しみを支えることをお願いし、できる限りケアに参加していただきました。

③おむつは尿道口を上に向け、三角パッドを巻いていましたが、下腹部に隙間ができてしまいます。そこで三角パッドは中止し、尿

道口を下に向けて下腹部にパッドを密着させました。スタッフによって当て方に違いがあるため、全員でレクチャーし、手技を統一しました。しばらくは付箋を使用しながら、24Hシートに尿漏れの状況を詳しく記録します。皮膚はかぶれやすいため、毎日10時30分のおむつ交換時には陰部洗浄を実施しました。

　車いすの変更と60度の角度をつけることで、姿勢はほどよく維持され、頭が垂れることなく、ミキサー固形食を口に留めることができるようになりました。Fさん専用のテーブルも完成し、良いポジションで、リビングで自分の力で食事が摂れるようになり、食べこぼしも減り、家族も喜びました。毎日の陰部洗浄で皮膚にかぶれもなく、奥様にも皮膚の状態を見てもらいながら、夜間の尿漏れも少しずつ減少しました。

　こうして小さな変化をその都度協議し、24Hシートに付箋でメモをしながら、2週間ほど経過観察の後で決定された方法を、24Hシートに追加していきます。追加しながら、一目でわかりやすい24Hシートになるように改良も重ねました。専門職のコメントは専門職ごとにコメントを記載すること、読みやすいように箇条書きにすること、写真やイラストを利用すること、観察項目を記載しておくことで、観察の視点が共有できるなど新たな発見もあり、Fさんの"安全・安心・快適な食事と排泄ケアの提供"への取り組みは続いています。

24Hシート導入後の変化

　24Hシートの導入後、家族から「いろいろな職種の人がかかわって検討されたことが、具体的にていねいに説明されるので、安心して任せることができます」という声が寄せられるようになりました。入院1か月後の入院時カンファレンスでは、多職種の情報を24Hシートに集約し、できること、できないことを把握した上で、できることに目を向け、意向・好みを尊重したケアに展開します。チームで一緒に検討することで、専門職の視点も共有でき、「なぜ?」といった根拠を考えるようになったようです。気づきの相乗効果でチーム内のコミュニケーションも円滑になり、家族との信頼関係の

構築にも良い効果が生まれています。

　Fさんの肺炎が不顕性肺炎であることは十分に認識できていたので、看取りまでも予見しながら、食事を摂る良い姿勢の確保、誤嚥予防の食事形態の工夫、食器の配置、むせ込み時の対応といった基本の徹底により、なんとか安全安心な食事が提供できています。入院時に持ち込みの薬も、17種類から11種類に減り、尿漏れも、尿漏れそのものを予防するおむつの当て方で尿漏れも軽減し、頻回な交換で月額2万円に達したおむつ代も、1万4000円と院内の平均値に近づいています。肺炎再発による全身状態悪化や尿汚染での更衣、シーツ交換にかかる人件費などトータルのコストを換算しても、かなりの成果が得られています。

まとめ

　24Hシートは魔法の杖ではありません。しかし、活用しながら気づきやアイデアが生まれ、24Hシートの進化とともに、いつのまにかスタッフの視点や感性、スキルも向上するという不思議な相乗効果が期待できるようです。24Hシート導入の目的は"感性豊かな人づくり"なのかもしれません。

　相乗効果をもたらすために整理しておくことを、以下にまとめてみました。

①現状分析⇒基本的ケアのアセスメント

　介護が必要な入居者にとって、生命を維持する上での基本的ケアの充実は最優先課題となります。"起きて・食べて・出す"の基本的ケアについて、入居者のもつ力を引き出すためには、多職種で病態と生活行動の全体像をアセスメントしながら、取り戻すことができない機能と、不適切なケアにより発揮できない機能を見極めることが重要です。機能のアセスメントが不十分なため、不適切なケアにより過介護となり、もつ力を眠らせていることもあります。

②ゴール設定⇒現状とゴールのギャップの確認

　入居者のもつ力を惹きだすための鍵は、これまでの暮らしの生活リズム・意向・好みの中に"楽しい・嬉しい・ここちよい"というキーワードとともに隠れています。心が動けば身体が動くという言

葉がありますが、好きなものやおいしそうな食事を食べようと、もつ最大限の力を発揮するなど、動機づけがないために眠らせている機能はありませんか。本人がどのような暮らしを望んでいるのか、自分だったらどういう暮らしを望むのか、ゴールを一致させておくことも重要です。

③現状とゴールのギャップを埋める

　現状とギャップを埋めるために、まずどこから手をつけるか、何から始めるか、実践可能なことは何かなど、優先順位をつけて棚卸しをします。次に、ギャップを埋めるために実践すべき具体策を、5W1Hに基づいて、行動を具現化します。24Hシートは、現状とギャップを埋めるためのツールともいえます。チームで検討・検証することも重要で、入居者の誰もが自分のことを聴いてほしいと願うように、スタッフもまた、自分の気づきを聴いてほしいと願っているのです。

第2章 7

終末期の人への活用

● 特別養護老人ホーム「ゆうらく」（鳥取県南部町）

● 概要

　Gさん（84歳、女性）は要介護5で、障害高齢者の日常生活自立度C2、認知症高齢者の日常生活自立度Ⅳです。抑うつ神経症、アルツハイマー型認知症、パーキンソン症候群の既往歴があります。

　今から6年前、グループホームに入居中、出血性胃潰瘍にて入院しました。入院中はADL等の低下が著しく、療養病棟に転院しました。その後症状が悪化し、両上肢の痙性まひ、手指の屈曲・拘縮、覚醒状態の低下、筋緊張の亢進、可動域の制限が進みました。受診の結果、レビー小体型認知症と診断されました。

　2年前、特別養護老人ホームに入居しました。入居時はとろみ食、きざみ食で、尿意と便意はなく、昼夜おむつを使用していました。簡単な会話ができることもあり、調子がいいときには笑顔もみられました。手引きにより、短い距離は歩行できる状態でした。

　しかし徐々に機能低下がみられ、移乗はリフトを使用した介助になりました。たんがからむことが増え、食事をミキサー食に変更しましたが、飲み込みに時間がかかり、誤嚥のリスクが高まったため、口からの食事が中止になりました。

24Hシート作成の流れ

　入居後1か月をめどに、24Hシートの作成を開始しました。病院の療養病棟での生活が長かったため、ADL、医療、リハビリ、栄養等の情報は、病院の専門職から詳細に収集できました。しかし、Gさんの長男は単身で海外勤務、嫁は離れた場所にいるため、面会頻度は少ないと考えられることから、入居時に家族から、Gさんの意向や好み、生活習慣等を入念に聞き取りました。

　入居後は、Gさんの1日の生活の流れをつかむため、覚醒状態や発語、会話の様子、表情、仕草等、細かく観察したことを記録に残しながら、居室担当者を中心に、24Hシートに落とし込みました（**図表2-15**）。

　Gさんにとって一番の楽しみでありながら、最もリスクが高いのは食事でした。

　円背もあり、頸部が後屈し、両上肢の拘縮のために全介助で、座位姿勢や介助方法、嚥下状態の把握、覚醒状況等、細やかな調整が必要です。看護師、理学療法士、管理栄養士、介護職が情報を共有し、ケアの徹底を図る必要がありました。特に看護師からは、左まひがあるため、食事介助の注意事項として、顔や顎の角度に注意し、スプーンを入れる角度を徹底すること、左ほほに食べ物や残渣が残り易いため、しっかりと嚥下状態を確認し介助を行う等の指示、アドバイスがありました。

　また、食事の時の姿勢についてもアセスメントを行い、着座姿勢の確認、傾きがある時の修正方法も理学療法士からの指導があり、徹底を図りました。管理栄養士との連携については、覚醒状況により食事量にムラがあるため、連携を図り高カロリーの補食を準備することになりました。

　以上の指示やアドバイスを情報として、各専門職、介護職が共有できるように、「サポートの必要な事」「留意点」を記入しました。

　ベッド上での時間が長く骨突出部位があるため、褥瘡のリスクも高く、圧迫なくリラックスできるポジショニングを行うように看護師からの指導があり、徹底して行いました。また手指は拘縮があり手指間の褥瘡を繰り返していることから、たびたび手指間の除圧を

24Hシート

図表2-15　Gさんの24Hシート

更新前

時間	生活リズム	意向・好み	自分でできる事
0:00			
〜	〜	〜	〜
9:30	朝食を食べる 服薬する	・私のペースで安全に食べさせてほしい ・おいしいものが食べたい ・自宅で使用していた茶碗や湯呑みで食事がしたい ・甘いものが好き	・口を開けることができる ・会話することができる ・パックジュースをストローで飲むことができる
10:00	歯磨き ベッドにて休む	・食後に歯磨きをさせて欲しい ・食後はベッドで休みたい	
10:30	排泄	・きれいにしてほしい	・痛みを訴えることができる
11:30	居室で休む CDラジカセで音楽を聞いて過ごす	・ベッドで休みたい ・ゆっくり過ごしたい ・好きな音楽を聴いて過ごしたい	・音楽を聴くことができる
12:00	車いすに移る	・安楽になりたい	・声かけに返事をすることができる
12:30	昼食を食べる		
13:30	リビングで過ごす	・食後はテレビを観たり、他の入居者とゆっくり過ごしたい ・眠たい時は部屋に帰りたい	・会話ができる ・聞かれたことに返答ができる
〜	〜	〜	〜

＜特記事項＞
・覚醒状況にムラがあり食事摂取量に影響するため、摂取状況や水分量を観察していきます。
・体重減少に注意し管理栄養士、医務室と連携を図りながら体調管理に努めていきます。
・骨の突起した部分が多いため、褥瘡に注意し適切なケアを心がけていきます。手指の除圧を行い褥瘡を予防します。

サポートの必要な事	留意点
【食事】 ・朝食⇒高濃厚流動食200kcal×2パック ・昼食、夕食 　主食:粥（粥にトロミ剤を少し入れる） 　副食:なめらか食（副食に銀あんかけをかける）を準備、介助する ・胸元にタオルを置く ・飲み物に薄くトロミ剤をつける（スプーン1杯） 　コップから直接摂取も可能（たんに注意する） ・食事摂取時にたんやせき込みがみられるため、注意する	・左まひがあるため、左側に食べ物が溜まりやすい。嚥下を確認しながら介助を行う。 ・覚醒状況により摂取具合が違ってくるため、観察しながら介助を行う。 ・食事をしている最中に姿勢が崩れてくることがあるので、そのつど修正を行う。 ・食事時の顔の向き、顎の向きに注意する。 ・朝は特に覚醒状況が悪いため、飲み込みには注意し観察する。 ・食事摂取量が悪い時は、随時、管理栄養士に相談し、食べやすいものを提供してもらう。 ・1日の水分摂取量1,000ml以上を目標とする。
・口腔ケア、マッサージを行う ・移乗介助 ・体位変換 ・ポジショニング	
・陰部洗浄:アテントテープM+ストレート ・臀部にワセリン塗布 ・看護師巡回時に排便状況を確認してもらい、下剤の使用を検討する（排便マイナス4日目にて下剤使用）	・月に1回、体重測定を行い体重の増減把握を行う（体重減少に注意） ・医師の診察を定期的に受ける
・手持ちのCDラジカセのスイッチを入れておく ・居室内の環境整備（室温管理） ・掛け物の調整など（夏場は居室内が暑くなる）	・障子を開けておく際、日差しが顔に直接当たらないように注意する
【移乗】の項、参照	
【食事】の項、参照 ・昼食時は、比較的覚醒状況が良いため、声かけやスキンシップなど十分に行う	
・テレビの前まで移動介助 ・食後の表情を見て対応する	

更新後

【ケアの目標】
・点滴をしながら、できるだけ本人の負担にならないように、痛みの苦痛に配慮しながらケアをする
・たんが詰まらないように吸引や口腔ケアを行い、呼吸が楽にできるようにケアをする
・褥瘡ができないように、体位変換、清拭、観察をこまめに行う

時間	生活リズム	意向・好み	自分でできる事
0:00			
9:30 ～ 10:00	目が覚める 顔を拭く 髪を整える 口の中をきれいにする 排泄 身体の向きを変える	・目が覚めたか確認してほしい ・障子を開けてほしい ・暖かいタオルで顔を拭いてほしい ・寝ぐせを治してほしい（おしゃれが好き） ・口の中を清潔にしてほしい ・清潔にしてほしい	・声かけに対して、あいさつや返事ができる
10:30	居室で過ごす	音楽を聴きたい（ジャズやクラシックが好き）	音楽を聴くこと
11:30 ～ 12:00	身体の向きを変える	楽な姿勢で過ごしたい	痛みを伝えることができる 簡単な返事やあいさつができる
13:30 ～ 14:00	入浴する	身体を清潔にして気持ちよく過ごしたい	

＜特記事項＞
・ゆうらくで点滴をしながら過ごしていただき、点滴が無理な状態になったら中止させていただくことで了解を得る
・長男は海外、長男の嫁は東京在住。急変時など連絡は長男の嫁に行う
・急変時、家族が南部町に戻っていない時は、死亡確認終了後にエンゼルケアをして、家族を待つ

【本人・家族の意向】
・長男の意向として、次男と数十年会っていない本人も次男のことが心残りだと思うので、会わせてあげたい
・次男に会えるまで延命してほしい。胃ろうは希望しないが、本人の体力が続く間は点滴をしてほしい。できれば看取りたいので、変化があったり連絡してほしい

サポートの必要な事	留意点
【起床】 ・起床の声かけ、確認を行う ・障子を開ける 【洗面、整容】 ・温かいタオルでやさしく顔を拭く（強くこすらず、温かいタオルで押して温めるようにする） ・目やにが付いている場合は、(微温湯で濡らした)ガーゼでやさしく拭き取る ・クシで髪をとき、整える ・ガーゼを指に巻き、濡らして口腔内を潤し、汚れやたんを取り除く。舌ブラシで舌の汚れを落とす ・口腔内の清拭時に口腔内をマッサージする（頬の内側、歯ぐきの外内側） ・口腔内用の保湿剤を薄く塗布する（マウスピュア） 【排泄】 ・尿取りパッドを抜き、テープのみにする（尿取りパッドの尿を測定する） ・尿の性状（色、におい等）の観察 ・皮膚状態の観察 【体位変換】 ・身体の向きを変え、タオル等を当てる ・別紙を確認し、確実にポジショニングを行う ・体位変換後、ポジショニングを確認し、確実に除圧する（グローブ使用） ・手指を広げ除圧する ・皮膚状態の観察	【環境整備】 ・直射日光が当たらないように注意する 【口腔ケア】 ・ガーゼの水分が口腔内に入らないように注意する ・以前口腔内に傷ができたことがあるので、口腔内観察を行う 【リスク】 ・褥瘡のリスクは高い。腰、腰椎部、仙腸骨、大転子、かかと等に発赤がないか確認する。発赤を発見したら医務に連絡する 【スキンケア】 ・臀部、陰部に赤みがある時は清拭し、押し拭き、その後ワセリンを塗布する
CDを交換して音楽を流す。 【看護師ラウンド】 ・状態観察（チアノーゼの有無、浮腫、呼吸状態等） ・体温、血圧、脈（硬さ、強弱、不整）の測定 ・排泄のチェック ・端座位体操	【環境整備】 ・室温管理、調整 ・加湿器の水がなくなっていないか確認する 【個別体操】 ・端座位をとることで、体循環の改善を図ることを目的とする
【体位変換】 【コミュニケーション】 ・覚醒状態を観察し、目が覚めていればしっかりとコミュニケーションをとる	
【バイタル測定】 ・体温、血圧、脈（実測）を測定する。いつもと変化があれば、医務に連絡、入浴の相談をする 【移乗・移動】 ・移乗→床走行リフト使用（ウェルネットシート型使用） ・移動→車いす（ネッティ） 【入浴】 ・毎週月曜日はシャワー浴を行う ・水・金曜日は全身清拭をする ・全身の皮膚状態の観察、確認 ・下着、パジャマを更衣する ・入浴、全身清拭後は臀部にワセリン、身体にミルクローションを塗布する ・両掌の観察を行い、しっかりと手指間の除圧を行い、ガーゼを挟む（表皮剥離の場合はペキロンを塗布）	【バイタル測定】 ・平常時血圧150/90 　脈　60回 　体温　36.2℃ ＊最近体温が低下傾向にあり、35℃台が増えてきている 【シーツ交換】 ・入浴日（月曜日）シーツ交換を行う 【全身清拭方法】 ・洗面器にお湯を溜め、入浴用タオルにて清拭する ・強くこすらず、全身を温めるように押し拭きをする ・腋下、掌等汗をかきやすい部分は拭き取る

行うようにしました。

　徐々に機能低下がすすみ、食事中にせきこむことが多くなり、飲み込みに時間がかかるようになりました。たんも頻繁に出るようになり、吸引回数も増えたため、医務（医師、看護師）から誤嚥のリスクが高いとの判断で、飲食中止となり点滴が開始されました。

　ちょうどお盆で家族も帰省されたので、カンファレンスを開催し、現在の状況、家族の意向、今後のケアの方針について話し合ったところ、家族は「延命治療は希望しないが、できる限り点滴はしてほしい」と希望しました。

　食事が三食中止となり、終末期との共通認識をもち、よりきめ細やかなケアが必要とされ、24Hシートの更新が必要となったのです。

ケアの課題の明確化と実現

　ゆうらくは開設以来、入居者の重度化が進むとともに、年間20名程度の入居者が終末期を迎えています。どの入居者の終末期も「本当にこれでよいのか」と思い悩むことが多くあります。入居者によって異なりますが、さまざまな課題が上がってきます。Gさんについては、以下の課題がみえてきました。

■終末期を支える職員間の意識の相違

　日々の暮らしの延長に終末期はあります。そのため、どこからが終末期ケアなのかと戸惑う職員が多くいます。特に経験の少ない職員には、観察できない、気づきが少ない、コミュニケーションがうまくできない等の課題がみられます。その他の職員も、日ごろの忙しさから、終末期を支えるという意識が薄れがちになり、それまでと同じケアを同じように行う傾向がみられます。

■終末期における観察の視点・ケアの根拠の不足

　施設では毎年、終末期ケアの研修を実施しています。しかし、いざという時に、学んだ知識や技術が活かされない、あるいはケアと結びつかないことがあります。これは、一つひとつのケアについて、「看護師の指示だから」行い、なぜ今このケアが入居者にとって必

要かを理解していないことが原因の一つと考えられます。

■ **チームケアの重要性は理解しているが、実践できていない**

　チームケアという言葉は理解していても、チーム＝介護職だけのチームだと思っている職員もいます。終末期においては、他職種との連携は不可欠です。この時期だから必要な情報もあります。チームケアを理解していない場合、今まで知り得た情報で十分と誤解していることもあります。他職種からの専門的な重要な情報、他職種の思いを収集し、共有することができないこともあるのです。

24Hシートの活用の効果

　Gさんの食事が中止になり、かかわりも減少傾向にありました。ユニットミーティングでは『Gさんは終末期を迎えているから、やさしい介護をしていこう』という意見が出ました。職員は『やさしく!?しなくては』と、曖昧な感覚でケアにあたっていました。

　24Hシートの更新を行い、その内容を確認すると、食事が中止となり、食事に対する「サポートの必要な事」「留意点」の欄がなくなり、2時間ごとの体位変換、口腔ケア、排泄方法等、業務的なことだけが書かれていたのです。ベテラン職員は経験上、終末期におけるケアの内容、観察の視点等は十分理解していて、「皆も当然そうしているだろう」という意識でした。しかし、経験の浅い職員は、終末期を支えるという意識が不十分で、それまでのケアの延長ととらえ、統一したケアを提供できていませんでした。

　そこで、24Hシートを再度見直すことにしました。最初にケアの方針を多職種間で共有し、同じ目的、意識でケアを提供するため、24Hシートに【ケアの目標】【本人・家族の意向】の欄を設けました。

　情報については、それまでは介護職が中心となり、情報を収集していました。言い方を変えれば、介護職が知っていること、医務から受けた指示だけをシートに記載していたのです。しかしこれでは、ケアの根拠や各専門職の思いが反映されず、ただの業務マニュアルにすぎません。そのため、各専門職が再度情報収集を行いました。

また、手順やケアの方法、目的、観察の視点、リスクも詳しく書き込み、記入後はユニットミーティングで細かな打ち合わせを行い、ケアに対する意識、統一した方法をチームで確認しました。夜間帯のケアは協力ユニットに情報を伝達し、共有を図りました。

　看護師からは、根拠を踏まえた指導やアドバイスがあり、その内容を24Hシートに書き加えました。終末期ケアの経験が少ない職員にとっては、不安が少しでも解消されるように、終末期ケアのあり方等を伝え、話し合いを重ねながら、ケアに活かしていきました。

　ケアの根拠や目的、リスクを一つひとつ理解した結果、それまでは単なる業務として居室を訪ねるだけでしたが、職員一人ひとりの終末期ケアに対する意識にも変化がみられました。

まとめ

　終末期を迎えた入居者は、身体機能が低下し、コミュニケーションも困難になり、日常生活全般において常に介助が必要な状態になります。その結果「してもらう」という受け身の立場に置かれ、介護者主導の介護になります。「その人らしさ」「暮らしを支える」ためにも、最期まで入居者主体の介護が必要です。そのためには、チームケアが何よりも大切です。

　終末期ケアでは、さまざまな職種がそれぞれの役割を十分に発揮し、その力がチームとして働くことで実ります。特に介護職と看護師との連携は重要で、同じ気持ちで互いに支え合いながら一緒に看取ることで、より良いケアにつながります。そのためにも、共通のツールである24Hシートをともに作成することで、情報の共有を図り、経験や職種を問わずケアの統一ができるようになります。

　また、職員一人ひとりが終末期をともに支える意識が必要です。そのためにも、介護職は今以上に医療などさまざまな知識を吸収し、ケアに取り込んでいくことが欠かせません。看護師はともに終末期を支える仲間として、常に自分たちのケアを振り返り、確認し、問題解決に向けた努力が必要です。

　最初はそれほど24Hシートを活用できなくても、皆で作り確認し、統一したサポートをする、チームで実践することで、その意味

や効果がわかってきます。

　終末期ケアは、日常生活の延長にあるケアです。しかし、改めて特別なケアだと感じます。また、個別ケアの集大成でもあります。Gさんにとっても、それまでは職員によってケアの方法が異なり、苦痛を感じることが多かったと思います。完璧とは言い切れませんが、この時期に少しでも不安を軽減し、穏やかに過ごしてもらえたのではないでしょうか。

第3章
チームケアへの活かし方

第3章 ①

24Hシートの一覧化からみえるもの

● 特別養護老人ホーム「天恵荘」（長崎県諫早市）

意外と簡単？ 24Hシートの一覧化

　『24Hシートの一覧化?何それ?そんなの面倒だし無理だよ』『そもそも、そんなものまで作る必要があるの！?』

　これが、24Hシートの一覧化を知った時の素直な"感情"でした。その後、施設で24Hシートを導入することが決定し、作成から更新までのシステムづくりから一覧表の作成までを目的としたチームを立ち上げ、準備を進めることになりました。

　会議を繰り返す中で、24Hシートにユニットケアの理念が散りばめられていることはすぐに理解できました。しかし、その作業や事務量を想像すると、作成するだけで気が重く、不安で頭がいっぱいでした。その上、一覧表なんて『作成の仕方がわからない』『作成して何かの役に立つのか』などの意見もありましたが、本音は"面倒くさい"でした。

　しかし、いざ作成してみると、書式を作ってしまえば、主な作業は24Hシートの「生活リズム」欄を転記するだけでした。慣れてしまえば1ユニットあたり15分もかからない作業です。最近では24Hシートのソフトもあるので、導入すれば作成はストレスになりません。イメージだけで、業務量が膨大に増えるのではないかと勝手に思い込んでいただけでした。

　そして、意外と簡単に作成できた一覧表の作成・活用・更新を繰り返していくうちに、その効果を実感し、また"可視化したデータを根拠とした、ケアと業務の展開"という一覧表からのメッセージを感じることができたのです。

24Hシートの一覧化

　24Hシートの一覧化は、24時間軸に沿って、ユニットの入居者全員の生活リズムの情報を1枚にまとめたものです。入居者ごとに記入する情報は、主に24Hシートの「生活リズム」欄からの転記となります。こうすることで、ユニットの入居者の24時間の暮らしが一目でわかるようになります。

　図表3-1は、5名の入居者の朝の様子です。このような形で、ユニット全員の24時間の暮らしが記載されているのが一覧表です。用紙は、施設ごとに使いやすいサイズでかまいません。記載内容は、24Hシートの「生活リズム」欄からの転記だけではなく、付け足してもかまいません。しかし、あまり細かく書いてしまうと見にくくなり、事務作業も増えます。一覧表を見て、さらに詳しい情報が知りたい時は、個々の24Hシートで確認することになります。

　更新は、24Hシートの作成・更新時になりますが、天恵荘では、ユニット全体の入居者の生活リズム（状態）が大きく変化した時と、6か月程度（定期）を目安に更新しています。細かな変化は書き足すことで対応できます。また、パソコン上で専用ソフトを使えば、随時更新が可能です。

図表3-1　24時間シートの一覧表

時間	Aさん	Bさん	Cさん	Dさん	Eさん
0:00					
7:15	目が覚める		リビングに歩いて向かう	着替えをする（介助）	
7:30	ベッドから起きる		お茶を飲む	車いすでリビングに行く（介助）	車いすでリビングに行く（介助）
7:45	トイレに行く		テレビを観る	朝食の準備を始める	朝食を食べ始める
8:00	洗面・着替えをする		朝食を食べる	朝食を食べ始める	
8:15		8:20声かけで目が覚める	朝食を食べ終わる		朝食終了
8:30	朝食を食べる	ベッドから起きる（介助）	居室に戻る	朝食終了・点眼	歯磨き トイレに行く（介助）
8:45		トイレに行く（介助）	歯磨き・着替えをする		リビングに戻る
9:00	リビングでテレビを見る	朝ごはんを食べ始める	ベッドでひと休みする	食堂にて新聞を読む	テーブル席にて過ごす

※支援が必要であれば、そのことを書く施設もあります。

出典：『高齢者ケアを変えるユニットケアのアセスメントツール　24Hシートの作り方・使い方』97頁、中央法規出版、2013年を一部修正

24Hシートと一覧表

　24Hシートの一覧表を作成・活用して得られる具体的な効果としては、主に次の4つが挙げられます。
①ケアの無駄を省くことができる（必要なところに必要なサポートができる）
②職員のシフトの基本データ（根拠）となる
③ユニットの入居者の情報を一元化し、共有できる
④急な欠員の対応に役立つ

　皆さんの施設では、職員が急に休み、その対応をどうするか、四苦八苦するときはありませんか。なぜ慌てるのかというと、そこのサポートの内容（何時にどの人に何を…）を知る人がいないからです。休みの穴埋めは、そこの職員が残業で残るか、他のユニット職員や介護長・相談員などに応援してもらうのが多いでしょう。8時間勤務した後、再度勤務というのも大変なので、代われる人がいればそれにこしたことはありません。そんな時に、この24Hシートの一覧表が役立ちます。ユニット全体の動きが把握できるのです。そのうえで個別の対応は、個々の24Hシートを活用します。

　24Hシートと一覧表は、木と森にたとえられます。木（24Hシート）を見て森（一覧表）を見ずでは、ユニット全員の入居者の暮らしを支えることはできません。私たちはチームでケアを行います。そのため、チームとしてユニット全体を把握しなければ、日替わりケアになってしまい、スタッフ間の不協和音を招くことも考えられます。場合によっては、入居者の安全を脅かすこともあるかもしれません。

　まずは、24Hシートを活用して入居者一人ひとりの暮らしを知る。そして、一覧表を活用してユニット全体の入居者の暮らしをチームで把握するという視点をもつことが大切です。

一覧化することのさらなる効果

　数年前、ある施設から「24Hシートを作成したので見てほしい」という話がありました。拝見したシートは、入居者を想う気持ちと

職員の向上心が十分伝わるものでした。加えて『一覧表も作ったので見てください』と持ってきました。しかし、その一覧表は、ちょうど**図表3-2**のようなものでした。

　朝食の時間に向けて流れ作業的に起床介助をしていることや、朝食後の口腔ケアや排泄ケアが一斉に行われていることがわかると思います。複雑な想いで言葉に困っていると『一覧表を作成したら、施設の日課に入居者をあわせていたことがわかりました』『一覧化することで、皆で共有することができました』と言います。『一覧表にはこんな活用方法もある』と、その前向きな姿勢に強い感銘を受けました。

図表3-2　一覧化することで、ケアの現状が明らかになる

時間	Aさん	Bさん	Cさん	Dさん
0:00				
︙ 3:00				
4:00	排泄	排泄	排泄	排泄
5:00				
6:00	30′起床	15′起床	40′起床	50′起床
7:00	30′朝食	30′朝食	30′朝食	30′朝食
8:00	歯磨き・排泄	歯磨き・排泄	歯磨き・排泄	歯磨き・排泄

※一覧にすると職員都合のケアの展開がわかる
※排泄も食事とほぼ変わらない時間、小さい単位の流れ作業が行われていた
出典：『高齢者ケアを変える　ユニットケアのアセスメントツール　24Hシートの作り方・使い方』39頁、中央法規出版、2013年を一部修正

可視化したデータを根拠とした、ケアと業務の展開

　入居者のケアや業務改善を検討する際、職員個人の価値観や経験で結果が左右されることはありませんか。または、まず自分たちの課題（悪い点）を見つけてから解決策を検討することが多くありませんか。

　場合によっては、個人の価値観や経験に頼って突破するしか解決できない課題もあります。課題を見つけることは、アセスメントやマネジメントの基本となります。それらとは別に、24Hシートの

❶ 24Hシートの一覧化からみえるもの

　一覧表を作成・活用する過程で、いつの間にか自然と"可視化したデータを根拠とした、ケアと業務の展開"という考え方を理解したように感じます。

　情報を収集してデータベース化する。そして、活用・分析しやすいように整理（可視化）する。可視化したデータや分析した結果は、必要な場面で、必要な根拠として活用して展開する。この"展開する"という考え方が介護職にはなじみが薄かったように思います。

　しかし、うまく使いこなすことができれば、入居者へのケアはもちろん、業務の多くの場面で力を貸してくれるような気がしませんか。一覧化には、そんなメッセージが隠れています。

　『えー、24Hシートの一覧化?何それ?そんなの面倒だし無理だよ』『そんなものまで作る必要があるの!?』なんてことを言わずに、木を見ることができたのであれば、次は森を見てみようと思いませんか。

一覧表で職員ごとの動きを確認

　天恵荘では以前、"イメージトレーニングセット"と名づけたツールを作成し、入居者の状態が大きく変わったり職員の異動があった時に、ユニット会議で情報の共有、ケアの統一を行っていました。

　ユニット会議は原則、ユニット職員が全員参加しています。会議では、一覧表とイメージトレーニングセット（**写真3-1**）を準備します。時計を動かして時間を確認しながら、入居者と職員の駒を動かし、職員がどのようなケアを行っているのかを話します。

　例えば、朝の時間であれば『まずは○○さんに声をかけてから、△△さんの様子を確認している』『7時45分頃には5～6名の入居者がリビングでくつろいでいる』などと話すと、別の職員が『僕は△△さんの様子を確認してから、○○さんに声をかけて起きてもらう』『私は△△さんの様子は確認しません』など、情報の共有やケアの統一を行うことができます。

　考えてみると、他の職員がどのようなケアを行っているのか、意外と知りませんよね。こうした使い方をすることで、職員によってケアの順番や内容が違うことや、逆にびっくりするくらい同じケアをしていることを全員で共有できます。個々の24Hシートをめくりながらでもできますが、やはり一覧表が効果的です。

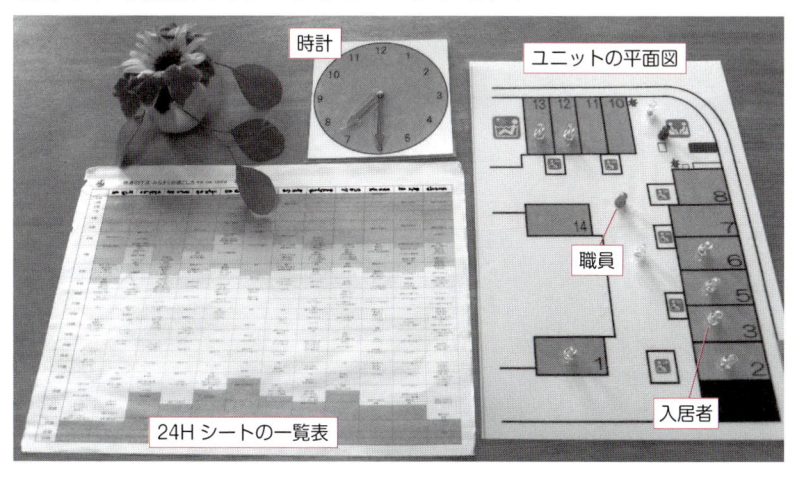

写真3-1　天恵荘のイメージトレーニングセット

第3章 ②

ケアの無駄を省く

● 特別養護老人ホーム「ちょうふ花園」（東京都調布市）

24Hシート導入前の状況

■場当たり対応の悪循環

　皆さんの施設には、夕方になると落ち着かなくなり、部屋に戻って洋服や飾ってあった写真等を大きなバッグにできる限り詰め込み、出口を探そうとユニットやフロアを徘徊する入居者はいませんか。

　夕暮れ症候群、帰宅願望者？　このような入居者に対して、皆さんはどのような対応をしていますか。当施設にも、このような行動を繰り返す入居者Aさんがいました。職員の経験だけで解決しようと必死でしたが、その努力は報われることなく、最後はエレベーターの前に立ち「私は帰ります。早くここから出してください！」と叫び、扉を叩いたり、泣き崩れたり、興奮して職員に手を上げたり、他の入居者の居室に入って窓ガラスを叩いたりする様子が毎日繰り返されました。その後の夕食にも手を付けず、疲れ果てるまで早番の職員が残業してそばに付く対応を繰り返していたのです。

　また、何をしたくて呼ぶのかもわからず、常にコールを握っている入居者Bさんもいました。私たちは、何が原因かを追求せず、コールがなるたびに職員が尋ね、さまざまな声かけを行い、落ち着いてもらおうと必死でいました。職員の数が足りず、コールがなってもすぐに行けないときは、あの手この手でリビングに出てきてもらい、テレビを観てもらったり飲み物を提供していました。

　このような状況が長引くと職員も苛立ち、口調がきつくなっていました。そうなると、ユニットの職員だけの対応は難しいと、他の職員が交代で対応していたのです。

　検討会議では、そうした入居者に対して、認知症が進行したのではないか、精神的な疾患があるのではないかという声が挙がってき

図表3-3　24Hシート導入前のアセスメントシート

入居者情報簿		介護度	認定期間	〜	
○階○ユニット		○○○号室	記入者	平成　年　月　日	
氏名			M・T・S　年　月　日　歳	男　女	
連絡先	家族関係	住所	電話		
①キーパーソン			自宅） 携帯）		
②					
③					
入居日　平成　年　月　日		入居前　在宅・有料・老健・病院・その他（　　）			
既往歴			内服薬		
感染症			禁忌薬	アレルギー	
無・有　病名（　　）発症日（　　）				有・無	
処置			主治医		
バイタル	KT　　BP　　／　　P		病院名	Dr	
排便	間隔）　　下剤）あり・なし		所在地		

ADL

項目	症状	特記事項
移動	独歩・杖歩行・車いす（自走　介助）	車いす）本人持ち・貸出
排泄	トイレ・Pトイレ（自立　介助）オムツ　リハパン	日中）　　　　夜間）
更衣	自立・一部介助・全介助	就寝時の寝巻き）
麻痺	無・有（　　）	
食事	主食）常食・キザミ・ミキサー　副食）常食・キザミ・ミキサー	カロリー制限）なし・あり（　　cal）
	水分）トロミ　あり・なし　　好きなもの	
入浴	個浴・リフト・機械　　自立・一部介助・全介助	
認知症	無・有（　　）	
口腔ケア	自立・一部介助・全介助	
入れ歯	無・有（　上下　上のみ　下のみ　）	
補聴器	無・有（　両方　右のみ　左のみ　）	
意思疎通	可・大体・不可	

生活歴	家族構成

ました。担当職員の中には、入居者に対して苛立つ自分を責めたり、対応に行き詰まったりする者もいて、施設としても面談の時間を作り、彼らの相談を受けていました。しかしそこでは、具体的かつ根

拠あるアドバイスをすることができませんでした。

■施設全体への悪影響

そのほか、残飯の問題も深刻でした。栄養士から、ユニットから出る残飯が非常に多いことが食事委員会で問題提議されました。考えられる原因として、食事がおいしくないので入居者が手を付けない、食材が悪いから食べない等、栄養士や品質に原因や解決策を求め、介護職と栄養士の間に壁ができてしまいました。会議はいつしかぎこちなくなり、施設内の連携が機能しなくなっていたのです。

また、理想と違う現実に嫌気がさす職員、その場しのぎの対応に我慢できずに退職する職員が後を絶ちませんでした。反対に増えたのが、残業時間でした。常勤職員の残業時間は平均で月60時間から80時間、非常勤職員も休日出勤するなど、その場しのぎの毎日を送っていました。

その後、24Hシートを導入・活用する中で、当時の視点がいかにずれていて、無駄な時間やケアを行っていたことがわかりました。

24Hシート導入の効果

徘徊、コール、残飯、離職以外にも、方向性が定まらない状況やケアの視点のずれ等に対して、もっと早く24Hシートを導入していれば、効率よく解決できていたのではないかと思います。導入するまでは大変でしたが、自分たちの行ってきたことや役割を振り返り、理解を深めて活用する中で、導入前とは比べものにならないほど大きな変化がありました。

1人の入居者の生活を把握できたことも大きな変化でしたが、1ユニット10名の生活を一覧表にし、その中で作ることのできる時間や業務を組み立てられるようになったことが、入居者の生活や今までの問題点を解決するものとなりました。

■徘徊する入居者Aさんへの対応

落ち着きがなくなる前の時間に視点を置き、かかわりをもつ時間を作りました。

同じ状況の中で、どうしてかかわる時間が作れなかったのを考えると、10人が同じ時間に行動をしていたため、1人にかける時間が見えてこなかったためです。そのため、徘徊後の対応となり、無駄に多くの時間を費やしていました。

　現在では、落ち着かなくなると思われる時間の前に、故郷の話をしたり、なじみの童謡を歌えるように、24Hシートに声かけの内容を記載したり、歌の練習を行っています。その結果、以前と比べて落ち着いている日が増えて、入居後減少し続けていた体重も元の数値に戻ってきました。

　残業して対応していた早番の職員も、時間どおりに仕事を終えることができ、入居者も職員もストレスを抱えないようになりました。数値的な根拠はありませんが、入居者、職員の笑顔が増えたことが何よりの効果といえます。

■コールを頻繁に鳴らす入居者Bさんへの対応

　すべてを一斉に行っていたことで、ゆっくり話をする時間が作れなかったことが原因でした。現在では、毎日15分程度、部屋で職員がおやつを一緒に食べる時間を24Hシートに記載しています。その時間帯を作ることができたのも、一人ひとりの生活を知り、10人の生活を一覧化することで時間が見えたことが大きな原因です。

　話す内容は毎日同じですが、コールを押し続ける入居者の行為の理由が、日常に不安を抱き、自分には年2、3回しか面会が来ないことが不安や不満となり、用もないのにコールを握りしめ、押し続けていたことがわかってきました。今では簡単に15分を作ることができますが、当時は職員の都合による時間や業務が優先されたため、その時間が作れないと思い込んでいたのです。

■人手の効率化により、食事の無駄を解消

　食事も同様で、一人ひとりに応じた時間で提供することで、気持ち良く食事をするようになりました。以前は一斉に介助を行っていたため、食べる人もいれば、半分寝てしまい途中で切り上げる人もいました。介助を必要とする人が多いため、他の職種が手伝って対

24Hシート

図表 3-4　24Hシート

時間	生活リズム	意向・好み	自分でできる事
0:00			
6:00			
6:30			
7:00	起きる、洗面、トイレ 一日の予定を確認する	朝はカーテンを開けてほしい きれいにしていたい、洗面後、化粧水をつける	起き上がり、洗面 トイレ後、コールを押す
7:30	着替え、リビングへ 温かいお茶を飲む	身だしなみはきちんとしていたい（赤やピンク系のものが好み） 首の手術痕が隠れる服を着たい、足が冷えて痛まないように、ズボン下や膝掛けが必須 温かいお茶を飲みたい	リビングまで車いすを自操、お茶を飲む
8:00	朝ごはん（パン食）	おいしいものが食べたい 朝はパンが食べたい 温かい牛乳が飲みたい	箸を使用し、コップ、茶碗類を持って食べる 衣類への食べこぼしも自ら拾える
8:30	食後薬内服	薬の封は切ってほしい、口に入れてほしい	口に入れてもらった薬を水で飲み込む 入れ歯に付いた粉薬をグジュグジュして飲み込む
9:00	リビングにて過ごす		テレビを観る
9:30	部屋に行く、歯磨き、トイレ	磨き残しがないか見てほしい	居室まで自操

サポートの必要な事	
様子を見に行く	
・声かけにてカーテンを開ける ・意向を確認し、移乗介助 【起き上がり】 自力でベッドから端座位になる（日によってできないことあり） 【ベッド→車いす】 ①ベッドの高さを調節する（ベッド頭部緑テープ） ②ベッド用手すりの印を確認してもらい、声かけにて手すりにつかまり、立ってもらう ③立ち上がり時に姿勢を確認（膝・背中が伸びているか）し、一緒に10秒数えてもらい、立ち上がり運動をしてもらう ④腰に手を添え、お尻を車いすに誘導する （立ち上がり時は、脚の動く範囲が狭いため、あらかじめかかとを車いすの方向に向ける） ・トイレ介助（そけい部を温かいタオルで拭く）【身体面Ⅶ】 【トイレ】 トイレまで案内し、手摺につかまり立ちを促し、下衣類の上げ下ろしを介助 自力でペーパーで拭き、コールにて職員を呼ぶことが可能 そけい部のかゆみがあるため、起床時・就寝時に温かいタオルで押し拭きし、オイラックスを塗布する	・整容介助（化粧水をつける） 【洗顔】 手で水をすくい、タオルで拭く（タオル類は洗面台横が置き場所） 化粧水を介助つける ・口腔ケア ・義歯確認【身体面Ⅷ】 入れ歯:部分入れ歯上下 　　　　夜間ポリデント消毒 緑友会口腔ケア：週1回 家族・緑友会専用連絡ノートあり 起床時・毎食後に歯磨きを行う ①声かけ ②自力で入れを外し、コップに水をためてうがいをする ③歯磨き粉を付けた歯ブラシを渡す ④自力で歯を磨き、入れ歯の残渣を取り除き、再びつける ⑤口腔内確認、磨き残しがあれば介助 ・日付、予定を伝える【生活面Ⅰ-①】
・更衣介助 【上衣】車いす上 袖通し、かぶり、ボタンは自力で可能 一番上のボタンと背中や細かなところを介助 【下衣】車いす上、立位にて 裾を通すための足あげ、つかまり立ちは自力で可能 下衣の上げ下ろしを介助 【靴下・靴】介助 靴のマジックテープのゴミは、そのつど取り除く	・リハビリパンツL、パワフルパッドに交換 ・方向転換のみ介助 ・温かいお茶を出す（熱すぎると飲めないため、少し冷ます） 【介助】 リビング内、居室内は介助必要 （フットサポートに足を乗せてもらう） そこから廊下に出た際には行き先を伝え、自操の声かけを行う 方向転換は介助 車いすで疲れたら傾いてきてしまうので、その時は横にしてほしい
・配膳前に車いすにしっかりと深く座るよう声かけを行う ・朝食配膳（食パンは六等分カット、トーストし、マービージャム（イチゴ）を乗せて提供。ロールパンは十字に切れ目を入れ、ジャムを入れて提供） ・介助【精神面Ⅳ】 ・ホットミルク提供（レンジで40秒加熱）	【昼・夕】 主食：米飯60g 副食：1200Kcal　減塩7g　一口大 味噌汁：お椀半分　水分：普通　飲水制限：1500cc 【禁食】青魚 【味つけの工夫】 制限食のため、同一メニューが続いてしまう（肉:ささみ）。調味料や、ノンオイルドレッシングを提供 主菜を残すことが多い 【好きな物】甘い物、肉、鰻 ※食べこぼしが衣類についている時は、伝える（自分で取れる）
・内服薬の封を切り、口に入れ、口腔内の確認 （粉薬は入れ歯についてしまうので、できる限り舌の上にのせ、グジュグジュしてくださいと声かけし、飲み込みを確認する）	
・テレビ番組の意向を確認、テレビの話題や今日の予定を伝える	
・方向転換の介助 ・トイレ誘導 ・口腔ケア【身体面Ⅷ】	

❷ケアの無駄を省く

10:00	横になる	入浴	朝食後は眠たくなるので寝かせてほしい 午後からは疲れがたまるので午前中に入浴したい	L字柵につかまり、立ち上がる
10:30		飲み物を飲む		
11:00	第2、4(火) 地元の和菓子屋	横になる		L字柵につかまり立ち上がる
11:30	起きる、トイレ、リビングへ		時間になったら声をかけてほしい トイレで排泄したい きれいにして行きたい	起き上がり、トイレ後コールを押す リビングまで自操
12:00	昼ごはん		おいしいものが食べたい	箸を使用し、コップ、茶碗類を持って食べる 衣類への食べこぼしも自ら拾える

図表3-5 24Hシートから得られた情報をもとに作成された、生活行為の一覧

既往歴	服薬内容	家族連絡			理美容
脳梗塞後遺症 両側変形性膝関節症 右大腿骨骨折後遺症	内服薬の封を切り、口に入れる 内服後の口腔内の確認 粉薬は入れ歯についてしまうのでできる限り舌の上に乗せ、くじゅくじゅしてくださいと声かけし、飲み込みを確認する	キーパーソン		○○ ○○様(甥)	きれいや 月1回 (首の手術痕を隠せる長さ)
		連絡先	①	キーパーソン 00-0000-0001	金銭管理
			②	△△ △△様(姪) 00-0000-0002	預り金
			③		マッサージ等
		連絡内容		原因不明のけが、職員が確認できていない転倒、発熱38℃以上、嘔吐が続く際、要受診に連絡	

特徴

食事	排泄
【昼・夕】 主食：米飯60g 副食：1200Kcal減塩7g 　　　一口大 味噌汁お椀半分 水分：普通 　　　飲水制限1500cc 【禁食】青魚 【味つけの工夫】 制限食のため、同一メニューが続いてしまう(肉：ささみ)。調味料や、ノンオイルドレッシングを提供 主菜を残すことが多い 【好きな物】甘い物、肉、鰻 ※食べこぼしが衣類についている時は、伝える(自分で取れる) 【おやつ】 固い物は食べにくいため、提供時に確認する 100kcal以下のお菓子を提供する(家族面会時以外)	【日中】トイレ使用 リハビリパンツ(L)＋パワフルパッド 【夜間】トイレ使用(眠気強い際は、おむつ交換) リハビリパンツ(L)＋ビッグパッド 尿便意あり 【トイレ】 トイレまで案内し、手すりにつかまり立ちを促し、下衣類の上げ下ろし介助 自力でペーパーで拭き、コールにて職員を呼ぶことが可能 そけい部のかゆみがあるため、起床時・就寝時に温かいタオルで押し拭きし、オイラックスを塗布する
整容	着替え
油顔なので顔を洗いたい リビングに行くときは、ハンカチを持って行く 【洗顔】 手で水をすくい、タオルで拭く(タオル類は洗面台横が置き場所) 化粧水を介助でつける 【整髪】 ブラシで髪の毛をとかし、後頭部は介助する 【ハンカチ】 洗面台横の置き場から取り、膝の上に置いてリビングへ	身だしなみはきちんとしていたい、赤やピンク系のものが好み 首の手術痕が隠れる服を着たい 足が冷えて痛まないよう、ズボン下や膝掛けが必須 靴が脱げることがあるので、マジックテープがきちんととまっているか確認してほしい 【上衣】車いす上 袖通し、かぶり、ボタンは自力で可能 一番上のボタンと背中や細かなところを介助 【下衣】車いす上、立位にて 裾を通すための足上げ、つかまり立ちは自力で可能 下衣の上げ下ろしを介助 【靴下・靴】介助 靴のマジックテープのゴミは、そのつど取り除く

・入浴の日はそのことを伝え、意向確認 ・臥床の場合は臥床介助【身体面Ⅱ・Ⅲ】 腕時計：お風呂の時以外はつけていたい

・臥床介助 ・地元の和菓子屋利用の付き添い【生活面Ⅱ-①】
・昼食の30分ほど前になったら声かけを行う ・移動介助 ・トイレ介助　・整容確認　・移動介助
・配膳前に車いすにしっかりと腰深く座るよう声かけを行う ・昼食配膳 ・介助【精神面Ⅳ】

	日	月	火	水	木	金	土
10:00			第2,4)地元の和菓子屋				
11:00							
12:00							
13:00							
14:00	第4)喫茶			第1)舞音クラブ			
15:00		第1,3)すまいるパン					
17:00							

移動	移乗
○○○○の車いす 【自操】ゆっくりだがハンドリムを持ち可能（フットサポートから足を下ろして行う） 【介助】 リビング内、居室内は介助必要 （フットサポートに足を乗せてもらう） そこから廊下に出た際には行き先を伝え、自操の声かけを行う 方向転換は介助 車いすで疲れたら傾いてきてしまうので、その時は横にしてほしい	【起き上がり】 自力でベッドから端座位になる （日によってできないことあり） 【横になる】 端座位から上半身を支えながら、足上げを見守る 下肢に力を入れてもらい、身体を上方へ引き上げる 【ベッド→車いす】 ①ベッドの高さを調節する（ベッド頭部緑テープ） ②ベッド用手すりの印を確認してもらい、声かけにて手すりにつかまり、立ってもらう ③立ち上がり時に姿勢を確認（膝・背中が伸びているか）し、一緒に10秒数えてもらい、立ち上がり運動をしてもらう ④腰に手を添え、お尻を車いすに誘導する （立ち上がり時は、脚の動く範囲が狭いため、あらかじめかかとを車いすの方向に向ける） 【車いす→ベッド】 トイレ⇔車いすも同様の指示を行う 疲れがみえ、傾きがある際には、声かけし、臥床していただく（身体面Ⅴ）
歯磨き	【ナースコール】 使用可能 臥床後ナースコールは左の枕元に置き、手が届くようにする
入れ歯：部分入れ歯上下 　　　夜間ポリデント消毒 緑友会口腔ケア：週1回 家族・緑友会専用連絡ノートあり 起床時・毎食後に歯磨きを行う ①声かけ ②自力で入れを外し、コップに水をためてうがいをする ③歯磨き粉を付けた歯ブラシを渡す ④自力で歯を磨き、入れ歯の残渣を取り除き、再びつける ⑤口腔内確認、磨き残しがあれば介助	
	入浴
	個浴 入浴マニュアル参照
寝返り	こだわり
仰臥位で寝ていることが多い コールなどで寝返りの希望があれば、左右へ身体の向きを整える	腕時計：お風呂の時以外はつけていたい

応していましたが、非常勤職員の導入など、今考えれば無駄なコストがかかっていました。今では、一人ひとりの食習慣を大切に、自分の食べたい時間に食べたい量を24Hシートで共有・提供することで、入居者の体重が全体的に増加傾向にあります。問題とされた残飯も減少しました。

栄養士と介護職の壁については、互いに「入居者にとって」という視点を再確認し、歩み寄れたことで、今までにはなかったユニット調理のバリエーションが増えるなど、食をさまざまな立場から追求できるようになりました。

■事故の件数の減少

そのほか、事故の件数が減少しました。今までは、事故に対する対応だけを検討していましたが、事故が起こる前のかかわりを24Hシートで共有し、ひやりハットを活かした内容で進めることで、重大な事故はもちろん、軽微な事故も減少しました。

事故の件数が減少することで、入居者は安全な毎日を過ごし、職員も事故の対応の検討で頭を悩ませる時間が減りました。

入居者一人ひとりにあわせるためには、時間と人手が必要です。一斉一律にすれば効率良くユニットが動くと思っていましたが、10人の生活を把握することで、本当の意味で効率的な人員配置や動きができることを実感しました。同時に、入居者の暮らしを無視したケアにより、いかに無駄な時間を使っていたのか反省しました（図表3-7、3-8）。

施設運営への効果

■会議の定期開催、残業の減少

24Hシートを活用し始めてから、施設の運営面でもさまざまな無駄に気づき、削減することができました。

ユニット会議について、以前はケアに追われて開催が不定期で、開催しても参加者はまばら、時間も固定されていませんでした。しかし今では、定期的な開催ができるようになりました。また、一覧表で10人の暮らしを把握することにより、すべのユニットが会議

を実施しています。

　勤務シフトについて、これまでは4パターンだけで働いていました。当時は、入居者の些細な変化は残業で対応せざるを得ませんでした。そこで、シフトを40種類程度に増やすことで、入居者の変化に沿ったケアが提供され、サービス残業が減るなど、職員の負担減にもつながっています（**図表3-6**）。

　今までは、リーダー職に就くと仕事が増えるというマイナスイメージが施設内に存在していましたが、24Hシートを活用すると、リーダー像に大きな変化がみられました。リーダー職に就いてみたいという意見が多く聞かれたのです。自分たちが行うべきことを理解し、ケアの無駄から生まれるリーダー職の負担が省かれたことで、本来のユニットリーダーとしての役割が明確になり、職員がその醍醐味を感じ始めたのでしょう。

図表 3-6　数字に見る効果（入居定員80名、平均介護度3.72）

	導入前	導入後
おむつ代（1か月）	62万6800円	37万6094円
事故件数（1年）	240件（骨折5件）	98件（骨折1件）
ひやりハット件数（1年）	100件程度	1560件程度
残業時間（一般・リーダー）	60時間・80時間	13時間・20時間
離職率	26.4%	5.1%

■施設全体が同じ考え方・方向性で取り組む道具として

　皆さんは、ケアを提供する中で効率を求めていませんか。効率とは、無駄がないことを示します。皆さんの施設に存在する「効率」は、目指すものを理解し、仕事の意味を理解した上で無駄を省くものとなっているでしょうか。24Hシートを活用すれば、10人を一束にするがゆえに生まれるケアの無駄に気づくはずです。

　また、施設を運営するのはお金がかかります。管理職と介護現場、双方の理解がない状態だと、各々が義務や責任を押し付け合っている状態が構築されます。ケアの中に存在する無駄に気づいた時、現場だけの力で省けないこともあります。

　施設全体が同じ考え方・方向性で取り組むことで、具体的にケアの無駄やコストの無駄に気づき、省くことができます。一つひと

❷ケアの無駄を省く

つの無駄をしっかりと検証するためにも、24Hシートが必要です。24Hシートは、暮らしを支える組織自体にも大きな影響を与えることができます。

図表3-7　24Hシートを完全に導入する前の一覧表

時間	201 Aさん	202 Bさん	203 Cさん	204 Dさん	205 Eさん
0:00	トイレ	トイレ		トイレ	
1:00		巡視	巡視	巡視	巡視
2:00		トイレ			
3:00	トイレ	巡視	巡視	巡視	トイレ
4:00	巡視	トイレ		トイレ	
5:00	トイレ				
6:00	30′ 起きる・着替え		トイレ・居室でのんびり		
7:00	トイレ・洗面	起きる・トイレ・整容	着替え・整容 リビングでお茶	起きる・洗面・トイレ・予定確認・着替え・リビングでお茶	起きる・トイレ・整容・着替え・リビングへ
8:00	朝ごはん・内服	朝食・服薬	朝食・片づけ ヤクルト飲む	朝食・内服	朝食・服薬 テーブル拭き
9:00	歯磨き・トイレ	トイレ・歯磨き	リビングでテレビ・読書など	リビングでテレビ 歯磨き・トイレ	歯磨き・トイレ リビングでテレビ
10:00	居室でテレビ・休む 訪問販売		歯磨き・部屋でテレビ・横になる	横になる	散歩・お茶・訪問販売
11:00	トイレ・リビングへ	トイレ	トイレ・リビングへ	トイレ・リビングへ	トイレ・お茶
12:00	昼ごはん・歯磨き	昼食	昼食・片づけ テレビ	昼食	昼食・テーブル拭き・テレビ
13:00	トイレ・居室へ	トイレ・歯磨き	歯磨き・部屋でテレビ・横になる	歯磨き・横になる	散歩・歯磨き トイレ・横になる
14:00	トイレ・リビングへ		クラブなど	クラブなど	クラブなど
15:00	おやつ・皿洗い	トイレ・おやつ	おやつ・皿洗い	トイレ・リビングへ	おやつ・訪問販売
16:00	居室でテレビ・休む		リビングで読書・テレビ・洗濯物畳	おやつ リビングでテレビ	リビングでテレビ
17:00		トイレ		漢字練習・新聞	お茶・トイレ
18:00	夕ごはん・服薬	夕食	夕食・テーブル拭き	夕食・服薬	夕食・内服・テーブルをふく
19:00	トイレ・歯磨き 着替え・歩行練習		リビングでテレビ	歯磨き・トイレ 着替え・寝る	歯磨き・着替え・トイレ
20:00	居室でテレビ・休む	トイレ・歯磨き・着替え	歯磨き・着替え・テレビ		就寝
21:00	トイレ		部屋で休む		
22:00	トイレ	トイレ・寝る		巡視	巡視
23:00			巡視		

図表3-8 24Hシートを完全導入後の一覧表

時間	201 Aさん	202 Bさん	203 Cさん	204 Dさん	205 Eさん
0:00	様子を伺う	トイレ			トイレ
1:00				様子を伺う	
2:00	トイレの声掛け	様子を伺う	30'様子を伺う		様子を伺う
3:00				様子を伺う・トイレ	
4:00	様子を伺う	トイレ			様子を伺う
5:00		様子を伺う	起きる		
6:00	30' 起きる 着替え		居室にて過ごす (洗面・着替え)		
7:00	トイレ・洗面 リビングへ	起きる・トイレ 再度ベッドへ	ヤクルトを居室へ	起きる・洗面 トイレ・着替え	
8:00	朝食 内服	着替え・洗面 リビングへ	朝食の声かけ 朝食・内服	リビングへ 朝食・内服	起きる・着替え 洗面・トイレ
9:00	リビング 居室へ	新聞・H牛乳 朝食	3番地へ	リビングにてテレビ 歯磨き・トイレ	一度ベッドへ 朝食・内服
10:00	歯磨き・トイレ 居室でTV	歯磨き・ベッドへ ※訪問マッサージ		横になる	歯磨き・トイレ
11:00	30' トイレ	45' トイレ	青木屋	トイレ・リビングへ	散歩・青木屋
12:00	リビングへ 45' 昼食・内服	リビングへ 昼食	昼食準備 昼食・内服	昼食	
13:00	歯磨き・トイレ	リビングでテレビ	皿洗い 昼寝の声掛け	歯磨き・横になる	昼食・内服 テーブル拭き
14:00	リビングへ	トイレ リビング・クラブ		クラブ	トイレ 散歩・クラブ
15:00	おやつ準備 皿洗い	居室へ	おやつ	トイレ・リビングへ	おやつ
16:00	30'居室へ	居室にてコーヒー テレビ	入浴※ 読書	おやつ リビングでテレビ	横になる
17:00	テレビ	家族面会 居室にて	リビングへ	漢字練習・新聞	トイレ・リビングへ
18:00	トイレ リビングへ	40' トイレ	味噌汁作り 盛り付け	夕食・内服	夕食・内服 コーヒー
19:00	夕食・内服	夕食 リビングにてテレビ	夕食・内服	歯磨き・トイレ 着替え	リビングにてテレビ
20:00	歯磨き・トイレ 居室にてテレビ	居室へ	食器洗い 居室へ	就寝	着替え・トイレ
21:00		トイレ・歯磨き 就寝	就寝	蛍光灯を消す	就寝
22:00	着替え・就寝			様子を伺う	
23:00		様子を伺う	30'様子を伺う		様子を伺う

第3章 チームケアへの活かし方

第3章 職員のシフトの効率化

● 特別養護老人ホーム「杜の風」（宮城県富谷町）

開設前、ユニットケアに対する間違った理解

　杜の風が個室ユニット型の特別養護老人ホームとして開設したのは、平成13年6月のことです。法人では、開設の10か月前からプロジェクトチームを立ち上げ、開設に向けてユニットケアの勉強を始めました。

　「入所ではなく入居」「集団ケアではなく個別ケア」「それぞれの暮らし」などのキーワードについて勉強しました。当時の私たちは、定時介護に追われる日々を送っており、「ユニットケア」という言葉を聞いたことがないという職員も多く、何をどう考えて、どう進めばよいのかもわからない状況でした。

　振り返ると私たちは、制服は着ないらしい、一斉の介護はしてはいけないらしい、日課をつくってはいけないらしい、食事はトレイを使わずランチョンマットを使うらしい、職員はユニットごとに勤務するらしい、お風呂は一人で入れるらしい、パート職員を活用するらしい、使い慣れた家具を持ち込むらしい…という、形にこだわり目的や意義を理解しない運営をしていました。何より、入居者の暮らしの継続と私たちが行うケア、勤務シフトの関連の重要性に気づくことができませんでした。

　開設当初は、制度としてユニット型施設と従来型施設の区別はなかったため、介護報酬は従来型と等しく、その状況下で常勤の介護職を厚く配置することが、運営上非常に難しい状況でした。

　そこで、パート職員を活用して人手を厚くしようと考えました。"パート職員といったら9時～16時だろう"と、根拠がないまま"パート職員募集"のチラシを作成・募集し、多くのパート職員を採用しました。

開設直後の人員配置

　開設時は、1ユニットに夜勤可能な常勤職員が3名にパートが3、4名という組み合わせで固定配置しました。介護職の配置は、常勤換算で1.8：1でした。職員の勤務シフトは、それまで法人が決めていた時間帯を、何の疑問をもたずに取り入れました（図表3-9）。

図表3-9　開設直後の勤務シフト

	早番	日勤	遅番	夜勤
常勤職員	7:00～16:00	9:00～18:00	12:30~21:30	16:30～翌9:30
パート職員	―	9:00～16:00	―	―

　日中ユニットに行くと、パート職員ばかりが勤務し、何を聞いても「リーダーが不在でわかりません」「職員がいないので」という回答しか返ってきませんでした。常勤職員は夜勤を中心に、早番と遅番の繰り返しで、職員を部分的に厚くしようと考えたつもりが、いつの間にかパート職員の時間を中心に、常勤職員がフォローに入るという逆転した勤務体制になっていたのです。多くのパート職員は、希望により土日が休みとなっていたため、土日に常勤職員の勤務が集中し、他職種との連携もままならない状況でした。職員同士が「久しぶり」とあいさつする場面をよく目にしたものです。

　『ぼちぼち起きようか』『そろそろ寝ようか』というイメージでケアをしようと始めましたが、中には「早番が来るまでに、なるべく多くの入居者を起こそう」「夜勤者が大変だから、入居者を寝せよう」と無意識に行動する職員もいました。入浴は、希望があれば毎日入浴できるようにし、時間は午後からとしていました。当時、寝る前にお風呂に入りたい人もいて、協力ユニット間でやりくりしていましたが、夕食支援に入浴介助が加わると、職員は残業をせざるを得ない状況でした。

　また、入居者から外出などの希望があった時には、事務や他部署の職員が応援に入ることもありました。会議や委員会を開催するにも、勤務表を作成した後で日程を決めていたため、参加者が3分の1程度であったり、途中で抜けたり、公休で出勤したり、時間外だったり…。「ケアの方向性はユニット会議で決める」としていながらも、

会議への参加率が低く、機能しないこともありました。その時の入居者の暮らしぶりと勤務表を、**図表3-10**に示します。

　朝食の前までには、全員、洗面と着替え・排泄を終えるようにしていて、朝食の開始時間である8時に間に合わせるために、5時頃からこの介助を始めていたという経緯があります。そして、その後朝食になります。この間の介助は、2ユニットを夜勤者1人で始めて、早番者の勤務が始まると1ユニットは早番者に任せ、もう一方はそのまま夜勤者が、日勤者が現れるまで行っていました。

　夜勤者は「早番者が来るまでは…」「日勤者が来るまでは…」と、業務を終えること、業務主体にならざるを得ない体制になっていました。

　また、夜勤者は朝の一連の介助をし、朝食介助を終えてからの業務終了になるので、息つく暇もありません。仕事の成果を示す記録の記載は、図表で示すとおり、残業とならざるを得ない構造でした。

　夕方は同様に、夜勤者が夕食介助を1人で行うユニットと、遅番が行うユニットがあり、ともに1人で行うため、他の人がお手伝いで残業するという構造になっていました。どの生活行為の時に人手がかかり、どこでは少なくていいかというデータをとるのではなく、勤務とはこのような時間という職員主体の時間を決めて行っていたので、残業が多く発生していました。

24Hシート導入後の職員の変化

■一覧表の作成で、問題点が浮き彫りに

　杜の風の日々の生活記録（ケース記録）が時系列で書く様式だったこともあり、24Hシートと生活記録の違いが理解できない職員も多くいました。勉強会を繰り返す中で徐々に浸透し、失敗を繰り返しながら24Hシートを完成させました。しかし、一覧表の作成には至らず、入居者個々の暮らしはみえるようになりましたが、ユニット全体の流れまでは把握できませんでした。そのため、24Hシートがあっても、勤務シフトとの関連を見出すことができない状況でした。

　一覧表は、その必要性を再度勉強し、ケアの可視化をどのような言葉で書き表すのか、どう読み取るのかなどを検討し、作成しました。一覧表を作成することで、入居者の個々の暮らしからユニット全体の

1日の流れまでもみえるようになりました。

　そして、勤務シフトが入居者の暮らしに合わせられるものではないこと、ユニットごとに入居者の状況が異なることが明確になり、残業や休日出勤の原因が確認できました。6つのユニットの勤務シフトやバランスが異なっても、入居者個々の暮らしが異なるので当たり前という認識につながりました。

　図表3-11は、24Hシート一覧表です。一覧表を作成したことで、入居者それぞれの暮らしぶりがわかり、業務上の無駄も明確になりました。そして、この暮らしぶりはユニットにより異なることもわかり、シフトもパート職員の勤務を含めて18種類作成し、ユニットごとに自由に選べる構造にしました。

　必要な箇所に適正に配置できるようになったので、今までユニットで月間100～150時間あった日常的な残業は、ほとんどなくなりました。

入居者の変化

■暮らしに豊かさが生まれる

　入居者の暮らしに合わせたシフトに変えたことで、ケアが重なる時間に、必要な人員を配置することができるようになりました。

　日中の職員が多くなったことで、入居者もこれまで以上に、何かを頼むにも気兼ねなく声をかけるようになりました。例えば、リハビリをした後にそのまま友人とお茶を飲んだり話し込む人、施設の喫茶店でコーヒーを飲む人、外出する人、リビングでのんびり過ごす人、家族と居室でゆっくり過ごす人、居室でゆっくり音楽を聴く人、他のユニットに遊びに行く人など、日々の暮らしに豊かさが出てきました。

　そして、夜はぐっすり眠ることができるという暮らしの場が提供されました。時には眠れない人がいても、精神的な余裕が生まれた職員が、落ち着いて寄り添うことができます。入居者は、喜怒哀楽を自由に表現するようになり、ストレスも軽減されたのか、徘徊や不穏な状況も減少したように感じます。

施設運営の変化

■経済的・効率的なシステムへの変換

人材不足には24Hシート一覧表の活用が効果的です。ケアを可視化することにより、人手の必要性が確認でき、勤務シフトの調整がしやすくなります。

また、サポートの必要な時間が明確になり、職員募集がしやすくなります。常勤職員の勤務に厚みをもたせるためのパート職員の活用でも、時間の交渉がしやすくなり、よい意味で経済的・効率的です。

■24Hシート一覧表活用の留意点

入居者個々の24Hシートを作成しても、一覧表まで発展させない施設が多くあります。上記のように、施設運営で一番大きな要素をなす人員配置では、今まで根拠となるものを示すことができずにいました。何の根拠もない中で「人件費率は○％、人員配置は△」と、経営の数字で運営をしていました。

どんなことでもニーズを掘り起こし、その上で成り立つ構造を組み立てるのが運営の基本です。24Hシートの一覧表はその役目を果たします。活用がうまくいかない最大の理由は、この理論がわかっていない、使いこなそうという意識がないことです。組織としての理解と導入が求められています。

> **ポイント**
> - 就業規則を理解し、介護保険制度における職員の配置基準や加算、労働基準法などを学ぶ
> - 生活相談員や看護師、栄養士等のシフトも検証

24Hシート

図表3-10 24Hシート導入前の状況

時間	A	B	C	D	E	F	G	H	I	J
0:00										
0:30										
1:00					見守り・トイレ					
1:30										
2:00					コール対応					
2:30										
3:00					見守り・トイレ					
3:30										
4:00										
4:30										
5:00					見守り・トイレ					
5:30										
6:00				起床支援　洗面支援　着替え　トイレ						
6:30										
7:00										
7:30				夜勤者と早番の引き継ぎ						
8:00				食事準備　食事支援						
8:30										
9:00				全体の引き継ぎ						
9:30										
10:00										
10:30			散歩　リハビリ訓練　テレビ鑑賞　通院　外出　お茶　トイレ							
11:00										
11:30										
12:00				食事準備　食事支援						
12:30										
13:00										
13:30										
14:00										
14:30			入浴　昼寝　散歩　お茶　トイレ　テレビを観る							
15:00										
15:30										
16:00										
16:30										
17:00				夜勤者への引き継ぎ						
17:30										
18:00				食事準備　食事支援						
18:30										
19:00				歯磨き・着替え・テレビを観る						
19:30										
20:00				就床支援						
20:30										
21:00										
21:30										
22:00				見守り・トイレ						
22:30										
23:00				コール対応						
23:00										

	勤務シフト					
	Aユニット					
時間	夜勤	日勤	パート職員	早番	遅番	パート職員

■ 残業

第3章　チームケアへの活かし方

❸職員のシフトの効率化

図表3-11 24Hシート導入後の状況

時間	A	B	C	D	E	F
0:00	夜間のトイレはコール対応見守りはトイレに合わせて		夜間のトイレはコール対応見守りはトイレに合わせて		夜間のトイレはコール対応見守りはトイレに合わせて	
0:30						
1:00		見守り		見守り		
1:30						
2:00						
2:30						
3:00		見守り		見守り		
3:30						
4:00						
4:30						
5:00		見守り		トイレ・見守り		トイレ
5:30						着替え・洗顔・歯磨き・販売機に買い物
6:00	起き着替える。洗面・歯磨き・髪をとかす					トイレ・テレビを観る。
6:30	トイレ					↓
7:00	NHKニュースを観る	起きる・着替え・洗面・歯磨き・フォーレ確認		起きる・着替え・洗面・歯磨き・髪をとかす	トイレ・着替え・洗面・歯磨き・フォーレ確認	↓
7:30	↓　食前薬	NHKニュース・食前薬		仏壇のお水とお茶を準備	朝ご飯	↓
8:00	朝ご飯・朝ドラを観る。	朝ご飯(食器片づけ)	着替え・洗面・歯磨き・髪をとかす。	朝ご飯	テレビを観る。食前薬	朝ご飯・食後薬・歯磨き・トイレ
8:30	食後薬	テレビを観る。食前薬	朝ご飯・食後薬	服薬・目薬	↓	テレビを観る。
9:00	歯磨き	自宅で眠る	折り紙	トイレ	歯磨き・自宅で過ごす	売店へ買い物・自宅で過ごす。
9:30	新聞・本を読む。テレビを観る。	テレビを観る。売店へ買い物。	テレビを観る。	テレビを観る・雑誌を読む。	売店へ買い物・散歩	お茶飲み
10:00	娘さんへ電話をする。	自宅で眠る。	リハビリ	リハビリ・トイレ	トイレ	トイレ・テレビを観る。
10:30	家族や友人と過ごす	テレビを観る。トイレ	お茶飲み	↓	新聞読み・コーヒー	↓
11:00	テレビを観る(自宅か食卓)	リハビリ	トイレ	お茶飲み、テレビを観る。	↓	↓
11:30	↓　お茶飲み	お茶飲み・食前薬	テレビを観る	トイレ	↓	↓　トイレ
12:00	昼ご飯	昼ご飯	昼ご飯	昼ご飯	昼ご飯	昼ご飯・歯磨き
12:30		食器片づけ	食後薬	食後薬・目薬	食後薬	トイレ・自宅で過ごす
13:00	トイレ・歯磨き	昼寝	トイレ	テレビを観る・トイレ	トイレ・新聞読み	自宅で休む
13:30	テレビを観る・本読み	〃	お風呂(ユニットバス左)		自宅で休む・歯磨き	
14:00	↓	ドラマを観る(聞く)。	お茶飲み	お風呂(ユニットバス右)	↓	トイレ・お茶飲み・喫茶店
14:30	お風呂	↓　トイレ	ベッドで休みながらテレビを観る	テレビを観る・雑誌、本を読む	↓	↓
15:00	お茶飲み	フォーレ確認・昼寝			トイレ・お風呂	お風呂準備・お風呂
15:30	テレビを観る・本読み	お風呂準備・お風呂	喫茶店に行く	お茶飲み・テレビを観る	↓	お茶飲み・テレビを観る
16:00	↓	水戸黄門・相撲・ドラマ	テレビを観る(相撲・水戸黄門)	↓	水戸黄門・相撲・ドラマ	↓
16:30	↓	↓	↓	↓	↓ 茶飲み	トイレ
17:00	↓	↓	トイレ・ニュースを観る。	↓　トイレ	トイレ・ニュース	↓
17:30	食前薬を飲む	↓　食前薬	↓	↓	↓	トイレ
18:00	夕ごはん	夕ご飯・食後薬	夕ご飯	夕ご飯	夕ご飯	夕ご飯・食後薬・歯磨き
18:30	トイレ	食器片付け	食後薬	食後薬・目薬、	食後薬	トイレ
19:00	歯磨き・着替え・NHKニュースを観る	NHKニュースを観る	テレビを観る	トイレ・パジャマ準備・歯磨き・洗面	トイレ・着替え・歯磨き・洗面	トイレ・着替え・就寝前薬
19:30	↓			着替え・ベットでテレビ観る	自宅で寝ながらテレビ観る。	見守りは2時間ごとにそっとドアから確認する

124

G	H	I	J	時間	夜勤	常勤1	常勤2	常勤3	パート職員
				0:00	●				
				0:30	●				
			トイレ	1:00	●				
				1:30	●				
トイレ・見守り		トイレ・見守り		2:00	●				
				2:30	●				
			見守り	3:00	●				
	トイレ			3:30	●				
				4:00	●				
				4:30	●				
トイレ・見守り				5:00	●				
	トイレ			5:30	●				
				6:00	●				
		トイレ		6:30	●				
				7:00		●			
				7:30		●			
トイレ			テレビを観る	8:00		●			
	トイレ	トイレ・着替え・洗面・歯磨き	起きる・洗面・歯磨き・トイレ・着替え	8:30		●			●
起きる・着替え・洗面・歯磨き・髪をとかす		朝ご飯・歯磨き	朝ご飯・食後薬	9:00		●			●
朝ご飯・食後薬			トイレ・歯磨き・ベットで眠る	9:30		●			●
コーヒーを飲みながらテレビを観る。	朝ご飯・食後薬	トイレ・お茶飲み・歯磨き		10:00		●		●	●
↓	トイレ・着替え・洗面・歯磨き		トイレ・家族と散歩	10:30		●		●	●
↓　紅茶	テレビを観る。		家族と過ごす。	11:00		●		●	●
↓	↓	トイレ・歯磨き	テレビを観る。	11:30		●		●	
昼ご飯	お昼ご飯・食後薬	昼ご飯	お昼ご飯	12:00		●		●	
テレビを観る。	↓	歯磨き		12:30		●	●	●	
↓　お茶飲み			リビングで過ごす	13:00		●	●	●	
↓	トイレ・自宅で音楽を聞く。		トイレ・歯磨き・ベットで眠る	13:30			●	●	
	↓		自宅で休む	14:00			●	●	
お風呂（特浴）	↓			14:30			●	●	
お茶飲み	トイレ・お風呂	トイレ・OS1・歯磨き	トイレ・お茶飲み	15:00			●	●	
ベットでテレビを見る。	牛乳を飲む		散歩・家族と過ごす。	15:30			●	●	
↓		お風呂		16:00			●	●	
↓				16:30			●	●	
↓			夕ご飯	17:00			●	●	
お茶飲み		トイレ		17:30			●	●	
夕ご飯	トイレ・夕ご飯	歯磨き後夕食	リビングで過ごす	18:00				●	
食後薬	食後薬	歯磨き		18:30				●	
テレビを観る。	テレビを観る。			19:00				●	
↓			トイレ・着替え・洗面・歯磨き	19:30				●	

第3章　チームケアへの活かし方

❸職員のシフトの効率化

20:00	薬を塗る。 ↓	夜間のトイレはコール対応見守りはトイレに合わせて		↓	↓	
20:30	↓			見守りは2時間ごとにそっとドアから確認する・就寝前にトイレ	↓	
21:00	就寝前薬を飲む。		トイレ・着替え・洗面・歯磨き		↓	
21:30	夜間のトイレはコール対応見守りはトイレに合わせて		夜間のトイレはコール対応見守りはトイレに合わせて		夜間のトイレはコール対応見守りはトイレに合わせて	
22:00						トイレ
22:30						
23:00			トイレ・体位交換			
23:00						

					時刻				
↓	トイレ・着替え・洗面・歯磨き		見守りは2時間ごとにそっとドアから確認する		20:00				
↓	見守りは2時間ごとにそっとドアから確認する	トイレ・着替え			20:30				
洗面・歯磨き・着替え・テレビ観る					21:00				
↓					21:30				
↓					22:00				
↓		見守りは1時間ごとにそっと入口から見守る			22:30				
					23:00				
トイレ・体位交換・見守り					23:00				

第3章 4

ケアの統一化

● 特別養護老人ホーム「せんねん村」（愛知県西尾市）

24Hシート導入前の状況

　Hさん（65歳、女性）は要介護5、障害高齢者の日常生活自立度B2、認知症高齢者の日常生活自立度Ⅳです。認知症、統合失調症の既往歴があります。Hさんは、大声を出したり、職員を呼び続けたりしていました。職員は1日を通してその都度Hさんに対応し、すぐに駆けつけないと居室から這って出てきたり、ズボンを脱いだりすることもありました。Hさんの声はユニット全体に聞こえるため、他の入居者は穏やかに過ごすことができず、職員は他の入居者にも気を配りながら援助する必要がありました。

　Hさんが声を出すのは、自分の思いを伝えることが主な目的でした。リビングに行きたい時は職員を呼び、トイレに行きたい時も「トイレ、トイレ」と職員を呼びました。職員が困惑したのは、Hさんは自分の意見が通るとすぐに次の要望を言うことで、リビングに来たかと思うと、今度は部屋に連れていってほしいと訴えます。この繰り返しにその都度対応し、職員は困惑しながら援助していました。

　職員によって対応が異なることも、Hさんの困惑を招きました。朝起こす時間が職員によって異なり、Hさんの声が聞こえたら離床を促す職員もいれば、「まだ早いのでもう少しお休みください」と対応する職員もいました。

　また、Hさんが声を出して職員を呼ぶので、話を聞いてすぐに対応する職員もいれば、他の入居者を優先してHさんに待ってもらう職員もいました。Hさんは「○○さんはやってくれるけど、あんたはやってくれない」と言い、言われた職員は困惑する結果となりました。

Hさんの援助方法については、毎月のユニットミーティングで議題に上がり、職員間で意見交換や対応方法を検討しました。特に、Hさん自身はどうしたいのか、なぜその行為をするのか、どうすれば落ち着いて過ごすことができるのかについて議論を交わしました。しかし、Hさんの援助の課題としてあげられることは、Hさんの呼び声などで他の入居者が穏やかに暮らせないこと、また、Hさんへの支援・かかわりが多くなることで、他の入居者へのかかわりが少なくなってしまうこと、Hさんのかかわりでユニット職員が精神的にまいってしまわないかが挙げられました。

　さらに、他職種や家族が出席するカンファレンスにおいても、同じ議論をしました。家族は「ご迷惑をいろいろおかけしています。病気のせいだと理解しようとしてもなかなか難しい。でも薬はなるべく使いたくない」という意向をもっていたので、その意向に沿った援助を目指し、対応方法を考えました。

　試行錯誤しながら、何とか落ち着いて生活してほしいという思いで援助を行っていましたが、次第に職員も精神的な負担が大きくなり、ピリピリとした雰囲気が出始めました。

❹ケアの統一化

24Hシート

図表3-12　職員によるHさんへのケアのばらつき

時間	職員A	職員B	職員C	職員D
0:00				
〜	〜	〜	〜	〜
5:45		身体の向きをかえる	起きる、トイレに行く	
6:00			朝食を食べる（介助）	
6:15			歯磨き、お部屋に行く	
6:30				起きる、着替える
6:45				トイレに行く
7:00	起きる、トイレに行く			朝食を食べる
7:15	床に入る			
7:30				歯みがきをする
7:45				
8:00		パッドを交換する、起きる		
8:15		朝食を食べる（介助）		
8:30		歯磨き		
8:45				
9:00		体温を測る（水・土）	パッドを交換する	
9:15				体温を測る（火・金）
9:30			体温を測る（火・金）	入浴（火・金）
9:45	起きる、トイレに行く	お茶を飲む（介助）		お茶を飲む
10:00	旦那さんと朝食を食べる			
10:15				
10:30	旦那さんと散歩			
10:45				
11:00	部屋に戻る			
11:15				昼食を食べる
11:30			トイレに行く	
11:45			昼食を食べる（介助）	
12:00		パッドを交換する	歯みがきをする	

職員・入居者の変化

■再度聞き取り

　職員には、次第に消極的な意見や不満が出始めました。ミーティングやカンファレンスで議論しても、なかなかよい解決策はなく、同じ話が続きました。Hさん自身の様子も変わらず、声を出したり居室から這って出てくることは、減るどころか多くなっていきました。

職員E	職員F	職員G	職員H
起きる、顔を洗う			
朝食を食べる	パッドを交換する		
歯みがきをする	起きる(2人介助)、髭剃り		
	朝食を食べる(介助)		
			パッドを交換する
部屋に行く	歯磨き		起きる(2人介助)、髭剃り
	部屋に行く	パッドを交換する、起きる	朝食を食べる
体温を測る(月・木)	体温を測る(月・木)	朝食を食べる(介助)	歯みがきをする
入浴(月・木)		歯みがきをする	体温を測る(水・土)
お茶を飲む		体温を測る(月・木)	
		お茶を飲む(介助)	
	お茶を飲む(介助)	部屋に行く	
部屋に行く			
			トイレに行く
リビングに行く		パッドを交換する	
トイレに行く		リビングに行く	昼食を食べる
昼食を食べる	パッドを交換する	昼食を食べる(介助)	
	リビングに行く		
	昼食を食べる(介助)		

　ユニットリーダーは、職員の精神的な負担を考え、Hさんが少しでも穏やかに過ごせるようにならないか、他の専門職に相談しました。生活相談員からは、家族は施設から退居させられないか不安をかかえているため、その不安を取り除きたいという思いがありました。また、ケアマネジャーは、Hさんが落ち着かないことや大きな声を出す原因を探りたい、落ち着いて過ごせる方法はないだろうかと考えていました。看護師は、毎日叫んでいたり不穏な状態は、本人にとってもつらいものなので、精神科から処方される薬の見直し

❹ケアの統一化

の必要性を認識していました。

　そして、サービス担当者会議で、Hさんの夫と娘さんに施設側のケアの方針や現在の課題を伝え、Hさんが少しでもおだやかに過ごせるよう、家族にも協力していただきたい旨を伝えると、「できることであれば協力したい」という返事をいただきました。そこで、まずは職員の困惑の原因であるケアのバラつきを何とかしようと、再度しっかりと聞き取りを行うことになりました。

　Hさんと家族の意向を再度聞き取るなかで、本人の意向として、夫や娘さんに会うのを楽しみにしているということでした。本人がそう思っているのであれば、家族は毎日面会に来て、できる範囲で援助したいといいます。そこで、朝食は夫が来て一緒に摂り、夕方は娘さんが来て一緒に外を散歩することになりました。

　加えて、夜なかなか眠れずにいたため、主治医に相談したところ「なるべく同じリズムで生活するように」とアドバイスされました。そこで、24Hシートをもとに、朝起きる時間、排泄、食事など、家族と相談しながら、1日の生活を確認しました。

■かかわりの統一

　次に、職員のケアについて確認を行いました（**図表3-12**）。朝起きる場面では、これまでは7時にトイレで起きた後、そのままリビングで過ごすようにした職員もいれば、再度部屋に戻るようにした職員もいました。これでは、Hさんは落ち着いて暮らせるはずがありません。そこで、朝7時に起きても、再度部屋に戻るように統一しました。また、Hさんは「あっち行く、あっち行く」と、毎日リビングに行きたいと訴えましたが、「おとうさん（ご主人）が10時に来るから、それまではゆっくり休んでいましょうね」と、声かけを統一しました。

　24Hシートを再確認した後、バラつきがあった職員のかかわりがなくなり、全員で統一したケアが提供できるようになりました。さらに、Hさんの言動や家族の話に耳を傾け、なるべく多くの情報を聞き取るため、ケース記録を振り返り、ケアのヒントにつながるものを読み取っていきました（**図表3-13**）。

　その結果、なぜ落ち着かないのだろうという疑問に対して、Hさ

んは何か楽しいことがあると、待ちきれずに職員を呼んだり、這って行こうとすることが読み取れました。そこで「先のことを伝えると落ち着きがなくなるので、直前で伝えるようにしよう」と、少しでも落ち着く対応で統一しました。

■ ケアのばらつき解消の効果

24Hシートを元に職員のケアが統一できたことで、Hさんの様子にも少しずつ変化がみられました。大きな声を出して呼ぶことが減り、特に夜間帯はよく眠れるようになったのです。また、「あの人はやってくれる、あなたはやってくれない」と言わなくなり、ケアのばらつきが解消されたことが実感できました。

24Hシートの「意向・好み」の欄には、Hさんがカラオケ好きだと書いていましたが、家族から、元気な頃カラオケを楽しんでいたHさんの好きな曲を聞き、24Hシートに記入した結果、部屋でその歌を流したり、職員が一緒に歌うようになりました。意向や好み、入居前の生活の様子をさらに深く聞くことで、生活に楽しみを増や

図表3-13　Hさんのケース記録

月日	時分		記事	サイン
8/6	14:50	訪室	目を開いてこちらを見ています。	□□
	15:00〜15:30	声	「おーい」と声がする。訪室すると家族の名前を言われています。少し話を聞くと落ち着かれました。	□□
8/8	12:20	訪室	「あと30分待ってください」と伝えると「はい」とおっしゃる。	■■
	14:20	声	歌の会に参加されていましたが、途中でお部屋へ戻りました。しかし、14:10に高い声で「ほーいほーい」とお部屋から声が聞こえたために訪室すると、布団から下りてみえ『歌うたう歌うたう』と大声を出されています。 「Hさんがお部屋に戻りたくて戻ったんじゃないですか?」とお聞きするも、「歌うたう、あっち行く、連れてってや」と落ち着かれません。	△△
	14:30	訪室	声がずっと聴こえていたので、訪室すると「行きます、歌、行きます」と言われました。もう歌が終わったこと伝えるも、「行く行くあ゛ーーーーー」と叫ばれていました。	△△
	15:00	声	声がずっと聞こえるため訪室すると「歌います。起きます」と言われました。	
8/11	9:00	大声	「おーーーーーーー」と叫ばれていました。	△△
	9:30	訪室	「○○(娘さん)は?○○」と言われたので16:00に来られることを伝えましたが「○○、○○ー」と落ち着かれません。	△△
	14:15	訪室	声がしたため、訪室。布団から足が出ていたため、なおさせていただく。 「○○、あと1時間で来る」と言われたため、「あと、まだ2時間あるので休も」と伝えると、うとうとされる。	▲▲
	14:40	訪室	「くつ、くつ、くつとってや」と言われる。 「○○さん来るの何時ですか?」とお聞きすると「4時」と言われたので、今の時間をお伝えし、1人では起きられないこともお伝えしていますが、落ち着かれません。	△△

すことにつながったのでしょう。

家族もHさんの変化を感じて、「笑顔がみられるようになったことが嬉しい」と喜びました。「皆さんが母のことをよく理解してくれて安心できる」と感謝され、ケアが統一されてきたことが実感されました。

職員にとっては、精神的な負担がかなり解消されました。入居者から「あんたはしてくれない、○○さんはしてくれた」と言われることは、職員にとってかなりつらいことですが、よくあることでもあります。それが、24Hシートの見直しによるケアの統一で解消されたことは、大きな成果です。また、どのような対応をすればよいのかと困惑することも大変ですが、24Hシートに声かけや対応方法が記載されているので、職員は自信をもって対応することが可能になりました。

導入後の変化

24Hシートをしっかりと記入してケアに結びつけることで、アセスメントの重要さ、特に本人、家族の意向を聞き取ることの大切さを再認識しました。Hさんへの取り組みから、リーダー会議や委員会を通して、24Hシートの活用について共有できました。

リーダー会議では、他のユニットでも同じように入居者の対応に職員が悩んでいることが多く、リーダー自身も負担を感じているという意見が多かったです。

委員会は介護職だけではなく、他職種やグループホームの職員も含まれているため、組織横断的なケアの改善が行われました。さらに、介護職だけの問題ではなく、全職種で援助する意識が高まりました。

まとめ

24Hシートを導入後、最初は作成しただけで済まされていたことが数年続きました。そのためケアにも活かされず、入居者の状態が変わっても24Hシートは変更なしという状態でした。入居者によっ

ては対応が難しい場合も多く、その都度頭を悩ませながら援助を行い、24Hシートが活用されなくても、日々は過ぎていきました。

　情報の共有が大切なのは言うまでもありませんが、ケアを統一することは、かかわる全職員が同じ理解をしていないと難しいです。それぞれの職員がわかっているふりをすれば、統一したケアは困難でしょう。24Hシートというツールを使って共有できたことは、大きな成果です。施設全体で使い方を共有できたことが、今後の施設運営にも大きな影響を与えると思われます。

　24Hシートをなかなか導入できない、うまく活用できないと悩んでいる施設も多いと思います。法人は組織なので、そこをうまく利用するとよいのではないでしょうか。少人数、小単位で事を進めようとするとうまくいきませんが、全体を通して取り組めば、24Hシートを活用した効果を全体で共有することができ、施設全体にも浸透させることができます。委員会は組織を横断的に活動できる場なので、目的をしっかりと認識した上で立ち上げてみてはいかがでしょう。

第3章 5
チームで情報共有するための言語の統一

● 特別養護老人ホーム「一重の里」(宮城県仙台市)

24Hシート導入時の状況

　特別養護老人ホーム一重の里は、平成19年5月に開設した施設です。法人の理事長は、11年の法人設立当初から、『科学的根拠のあるケアの実践』を理念として掲げ、すべてのケアに根拠をもって実践してきました。食事や排泄、睡眠などの健康管理に加えて、入居者の暮らしの意向に、職員がどのようにかかわり変化したのかという様子を細かく記録・分析し、そのデータを根拠としてきました。また家族には、施設で暮らす入居者の様子や、職員とのかかわりの記録を開示することで、入居者と最後までかかわりをもつきっかけづくりをしてきました。

　そのため、記録は、家族が見てもわかるように専門的な用語を使わず、暮らしの中で違和感のない言葉を使うことを意識し、普段の生活の中で使われる普通の言葉を使用してきました。

　24Hシートについては、開設当初から入居者の暮らしの目安として導入し、情報の伝達・共有を行ってきました。しかし、導入後数か月経過しても、職員間のケアが統一されず、入居者がけがをする事故が起こったり、認知症の人が興奮・拒否するなど、職員の対応の違いからトラブルや事故が繰り返されました。

　最初は、単に一部の職員が24Hシートを確認・把握せずにケアをしていたためと考えていました。しかし、ミーティングや会議の中で「専門用語がわからない」「内容がわかりにくい」という意見が上がり、24Hシートを確認していても、そこに書かれている用語が理解できず、感覚だけでケアしていたことがわかりました。

　記録と同様、24Hシートも入居者とかかわるすべての人が理解できるように記載しなければ、統一したケアを提供することはできま

せん。対応する職員によって、入居者の満足度に大きな差が生じたり、トラブルや事故につながる可能性もあります。また、24Hシートを入居者や家族に説明したり、多職種間で伝達・共有するときも、書かれている内容や意味がわかりにくく、時間がかかったり、タイミングがあわずにそれらを確認しそびれるなどの混乱を招くことになります。24Hシートはサポートの明細書なので、本来ならば、入居者や家族に「このようにサポートをさせていただきますがこれでいいですか」と確認するものなのです。

　開設当時は、24Hシートの目的である情報の伝達・共有を考えずに、作成することだけを追い求め、入居者にかかわるすべての職員が情報を共有することができませんでした。そこで、シートの内容や記録のあり方を検討する委員会を立ち上げました。まずは各ユニットの疑問や使われ方等の現状を把握することから始めて、入居者や家族にも意見を求めながら、委員会のメンバーでマニュアル作成に取り組み、改善しました。

誰が見てもわかる24Hシートへ

■言語の統一化

　24Hシートを作成する際は、作成を担当する職員を中心に、本人や家族から、入居者のこれまでの暮らしなどを聞き取り、暮らしの様子を観察・記録・分析するなど、ユニットの介護職、看護師、栄養士、相談員などのチーム（多職種）で協力しながら作成します。

　しかし、作成する職員によって経験や知識に差があり、記録の簡略化などの理由から、専門的な用語や略語などが使われ、一部の情報が伝達されないことがあります。例えば、「起床」の例をとると、これを「目が覚める」と解釈する職員と「ベッドから身体を起きあげる」と解釈する職員がいました。また、歯磨きをする・顔を洗う・髪をとかすなどの一連の動作を一言で「整容」と表わしていました。人によっては、そこで髪をとかさない人もいます。個別ケアでは、この一つひとつの行為をきちんととらえることが大切なのです。看・介護では、「糖尿病」を「DM」と表わすのは常識という状況もあります。しかし、家族はどうでしょうか。わかる人は少ないと思

います。そこで**図表3-14**のように、用語を統一しました。

■ 主語を明確にし、具体的かつわかりやすく

24Hシートに記入する際、『生活リズム』『意向・好み』『自分でできる事』は、入居者や家族がどのように生活したいのかという視点で、入居者や家族を主語に、本人の言葉でそのまま記入することが大切です。

『サポートの必要な事』は、職員がどのようなサポートをするのかについて、職員を主語にして記入します。また、介護職だけでなく、看護師や栄養士など他職種の意見を踏まえた内容を記入し、入居者にかかわるすべての人が統一したサポートをするため、誰が読んでもわかるように記入する必要があります。そこで、抽象的な言語を廃止し、できるだけ具体的でわかりやすく記入するようにルールを決めました（**図表3-15**）。その結果、一部介助や全介助という言葉はなくなりました。

■ 写真や絵、図などを取り入れる

24Hシートで情報を共有するとき、文章だけでは相手に伝わりにくいこともあります。例えば、ベッド上の物の配置にこだわっている入居者のシーツ交換などは、交換前と同じように物を配置する必要があります。その際、文章で『枕にタオルを敷く』『枕の右側にボックスティッシュ』『左側にはテレビのリモコンとコール』など、言葉で細かく書くよりも、写真や絵、図などを取り入れることで、微妙な位置を伝えることができ、効果的です（**写真3-2**）。

他にも、持ち込み食器の種類や配置、体位交換時の枕のはさみ方など、幅広く活用しています。

図表3-14 専門用語・略語からわかりやすい言葉へ統一(例)

これまでの書き方	変更後の書き方	これまでの書き方	変更後の書き方
起床	目を覚ます、起きる	訪室	お部屋に伺う
整容	髪をとかす、顔を洗う	巡視	見守り
離床	ベッドから起きる	排泄	トイレ
臥床	ベッドに横になる	Pトイレ	ポータブルトイレ
嚥下	飲み込み	Dr	医師
咀嚼	噛み砕く	Ns	看護師
異食	○○を食べようとする	PT	理学療法士
補食	○○を代わりに提供する	バイタル(BD、KT、P)	体温、血圧、脈拍数
盗食	人の物を食べる	DM	糖尿病
自走	車いすを自力で動かす	サクション	吸引

図表3-15 具体的でわかりやすい記入例

食事は、ほぼ自立	食事は自分で食べるが、食べこぼしで車いすを汚すことがあるので確認し、拭き取る。
食事は、一部介助が必要	食事はフォークを使って自分で食べるが、疲れて手が止まることがあるため、その時は手伝う。
見守り必要	歩行時、足がもつれて転倒の危険性があるため、そばで見守る。
声かけする	ベッド用手すりにつかまってもらうように声をかける。
リビングで水分補給する	リビングでコーヒーを飲む。
ADLの低下	歩行時にふらつくようになり、歩行器を使って中庭まで散歩に出かける。
排泄介助する	トイレでパッドを取り替える。

図表3-2

写真を入れることで、視覚的な共通理解を促す

24Hシート

図表 3-16　以前の 24H シート（一部抜粋）

時間	生活リズム	意向・好み	自分でできる事	サポートの必要な事
0:00				
7:00	起床	カーテンを開けてほしい	・手すりにつかまり、車いすに座る	・カーテンを開ける ・声かけして見守る ・状況をみて一部介助
7:30	排泄		・尿意・便意あり ・車いすを自走し、トイレに行く	・パッドを手渡しする （夜用⇒日中用）
8:00	整容	毎日化粧をしたい	・タオルで顔を拭く ・髪をとかす ・化粧をする	・声かけして見守る ・一部介助
8:30	水分補給	温かいコーヒーが飲みたい （砂糖1杯）	・車いすでリビングまで行く ・砂糖を入れて飲む	・コーヒーを煎れ、砂糖と一緒にテーブルに置く
9:00	朝食	朝は、ご飯に梅干しをのせて食べたい	・食べるのは、ほぼ自立	・右まひで食器の配置にこだわりがある。左側にフォークとスプーンを置き、その上に湯呑みを置く。右側はボックスティッシュを置く ・ADLが低下してきているため、見守り必要

図表 3-17　現在の 24H シート（一部抜粋）

時間	生活リズム	意向・好み	自分でできる事	サポートの必要な事
0:00				
7:00	目が覚める	カーテンを開けてほしい	・手すりにつかまり、車いすに座る	・カーテンを開ける ・車いすがベッドの脇にあることを確認する ・P字の手すりにつかまり、車いすに移るように声をかける（日によって力が入らないことがあるため、その時は手伝う）
7:30	トイレ		・尿意・便意あり ・車いすを自分で動かし、トイレまで行く	・パッドを手渡しする （夜用⇒日中用）
8:00	顔を拭く 髪をとかす 化粧をする	好みのタオルを選びたい 毎日化粧をしたい	・タオルで顔を拭く ・髪をとかす ・化粧をする	・タンスを開けてどのタオルを使うのか聞く ・目やに、寝癖が取れたことを確認し、手直しする
8:30	リビングでコーヒーを飲む	温かいコーヒーが飲みたい （砂糖1杯）	・車いすでリビングまで行く ・砂糖を入れて飲む	・コーヒーを入れ、砂糖と一緒にテーブルに置く
9:00	朝食	朝はご飯に梅干しを乗せて食べたい	・左手を使って自分で食べられるが、食べこぼすことがある	・右まひがあり食器の配置にこだわりがあるため、写真を参照に配置する ・ときどき食べこぼしやむせ込みがあるため、食事中はそばを離れない

24Hシート導入後の変化

■職員の変化

　用語を統一し、書き表わし方も具体的にしたことで、24Hシートがわかりやすくなりました。急な欠員や新人職員が入職したときなど、サポート内容がわからないので、すぐには直接介護に入れず、食器洗いや掃除・洗濯などの間接介護についてもらっていました。しかし、24Hシートの活用で、即戦力になる時間は大幅に短縮されました。また、早番や遅番でユニットに1人になる時間に不安を感じていた職員も、不安なくケアに入ることができます。

　記録に関しても、専門的な用語や略語を使わず、具体的に記録する職員が増えました。今までよりもわかりやすい記録になり、職員間の会話が、暮らしの中にある自然な会話に変わりました。

■入居者・家族の変化

　用語が統一されたことでケアの統一が可能となり、誰が対応しても、必要な時に必要なケアを行えるようになりました。

　職員のケアが統一されたことで、入居者に信頼感・安心感が生まれ、興奮したり、拒否する機会が減りました。信頼かつ安心できる人や環境の中で、自由に自分らしく生活することができているためか、入居者に穏やかな表情や笑顔が増えました。また、誰もがわかりやすい言葉で作成することで、入居者自身がシートの作成に参加し、自分の暮らしを見直すことで、より充実した暮らしにもつながりました。

　家族についても、専門的な用語や略語を使わないことで、今までよりも24Hシートに目を通す家族が増えました。これまでは、自分の大切な家族がどのようなケアを受け、生活を送っているのか知りたいという思いをもちながらも、知る術がなかったのが現状でした。

　しかし、誰がみてもわかる用語で統一したことで、その壁がなくなりました。「今はテレビを観ている時間かな?」「お風呂の時間だから、面会は午後からにしよう」など、離れていても家族の様子を想像したり、互いの時間を大切にできるようになったという感想も聞

かれました。

　家族の中には、職員と同じように24Hシートを確認しながら介助する人がいるなど、施設が家と同じ暮らしの場に変化したように感じます。

■施設運営の変化

　施設運営の中で明らかに変わったのが、事故の件数です。以前は、施設全体で月に20件程度（年間200件以上）発生していた事故が、現在では月10件以下（年間100件未満）まで減らすことができました。

　それに伴って、事故発生後に話し合いをもったり、報告書を作成する時間が削減されました。認知症の人の拒否や興奮などによるトラブルも減少したことで、職員の残業も少なくなり、精神的にも余裕がもてるようになった気がします。

職員のケアのレベルを担保するツールとして

　入居者にとって、施設は暮らしの場です。一方で、入居者の暮らしを支える職員にとっては、仕事の場であり、1日8時間の勤務を数名の職員で情報を伝達・共有しながら、チームで支えることになります。つまり、24Hシートは一部の職員だけが理解していればよいのではなく、入居者にかかわるすべての人が同じように情報を得て、理解してケアを提供しなければいけません。

　そのためにも、自分がもつ入居者の情報を、知らない職員にもわかりやすく伝えることが重要になります。誰にとってもわかりやすく、やさしいものでなければなりません。

　スポーツにたとえると、プロと呼ばれる強いチームでは、対戦相手の特徴を把握・分析し対策を考え、その情報をすべての選手が共有して試合に挑みます。一部のすぐれたプレーヤーだけが多くの情報を共有して試合に臨んでも、チームの目標である「勝利」には手が届きません。同じ目標をもち、勝利にたどり着くためには、ともに戦うメンバーと情報を共有し、協力し合うことが不可欠です。

　施設に置き換えても、数名のスタープレイヤーがいる施設ではな

く、チームで働くすべての職員で協力し合い、情報を共有することで、平均レベルの高い施設になり、入居者の暮らしを充実したものにできます。

　まずは職員一人ひとりの最低限の役割として、入居者の情報を収集し、チームで伝達・共有します。その時、自分のわからない言葉やサインがあると、スムーズかつ確実な情報収集、共有ができません。すべての人がわかるように用語を統一したことで、どの職員も確実に情報を得ることができ、より確実で安全なケアの提供につなげることができます。

　入居者がどのように暮らしたいのかという情報を伝達・共有するためにも、24Hシートは、できるかぎり入居者自身の意向に沿い、自律支援の観点から、「自分でできる事」「サポートの必要な事」が具体的に記入されていなければなりません。

　24Hシートは、職員間で情報を共有するためのすぐれた道具だと思いますが、施設で導入する際には、職員全員がその目的や意味を理解し、伝えるための用語の標準化が重要です。

　入居者一人ひとりに寄り添い、かかわりながら、その人のことをより深く知ろうとする姿勢や、より充実した暮らしを提供していく姿勢でかかわることで、多くのことに気づくことができます。どのような姿勢で入居者とかかわることが大切なのか、24Hシートの活用でどのようなことを目標にしているのかなど、導入にあたっては、職員の認識を統一することが重要です。

　24Hシートを導入する際、「大変ではないか」など身構える人も多いかもしれません。しかし、入居者と家族、かかわる職員がもつ情報を共有し意見を出しあえば、それほど難しいことではないと実感しました。同時に、24Hシートの導入で得られたことが多かったように感じます。

　今後も、入居者の暮らしを守り、充実した日々を送れるように、家族、職員全員で協力していきたいと思います。

第4章
施設の運営への活かし方

第4章 ①

施設運営の課題への活用

● 特別養護老人ホーム「天神の杜」（京都府長岡京市）

市場のニーズに沿ったサービスの提供

■条件整備の不備

　かつてサービスや製品は、提供する側が最良と思って提供してきましたが、利用・消費する側にとって満足以上のものであったでしょうか。市場（マーケット）に経営の視点が移ってからは、手回し式の絞り機が付いた洗濯機は全自動の洗濯乾燥機に進化し、電話機はダイヤル式から携帯電話やスマートフォンに進化しました。このように、製品やサービスは市場のニーズを反映させ、絶えず最良のサービスや製品を提供できるよう進化し続けています。

　一方、私たちの介護は市場のニーズに沿ったサービスを提供できているでしょうか。それとも、サービスを提供する側で最良と考えたケアを提供し続けているのでしょうか。入居者・利用者は、今までの暮らしの継続ができているのでしょうか。

　一人ひとりの職員は、もてる力の限りがんばっているでしょう。しかし、入居者・利用者が自らの生活リズムで日々を送っているとは限りません。それは、入居者・利用者が暮らしを継続するための条件整備ができていないためであり、職員の怠慢でないことは明らかです。ある介護雑誌で山野良夫さん（社会福祉法人伯耆の国理事長）と対談したとき、山野さんは「職員の固定配置、シフト、人的な体制、権限委譲などの条件整備ができていない。その根本は、経営者が開設するときにもっていた"不純な考え"を払拭していないことに尽きる」と、問題の本質を喝破※していました。

※誤まった説を排し、真実を説き明かすこと。

■水やりや施肥のノウハウを学ぶ場として

　しかし、すべての経営者が"不純な考え"の持ち主ばかりではない

かもしれません。山野さんの言う条件や環境の整備はできていても、ソフトとツールが備わっていないだけかもしれないのです。いわゆる勘と経験と度胸だけで「がんばれ」と職員の背中を押しているだけかもしれません。

西洋の言葉で「畑は耕したけれども種を蒔くのを忘れた※」というものがあります。仮に、心ある職員が種を蒔いても、水やりや施肥の方法がわからずに途中で枯れたり、管理者が種をほじくり出している可能性もあります。水やりや施肥のノウハウを学ぶ場がユニットリーダー研修であり、本書の役割です。がんばれというかけ声だけで背中を押されている職員や、24Hシートのさまざまな機能と実例を知った人はたまったものでありません。これが度重なれば、転職を考えるかもしれません。ある人は、自らの理想とするケアを捨てて離職してしまうかもしれません。そこには、施設・組織・介護の明日がないことは明白です。経営者・管理者の目でよく考えておく必要があるのではないでしょうか。

※plowing the field and forgetting the seeds.
耕したのに種を撒き忘れる
＝仏作って魂入れず

■24Hシートの汎用性

24Hシートは、ソフトとツールを併せもったものとして考案されました。24Hシートは介護の現場から生まれたもので、入居者一人ひとりを知るアセスメント機能を、24時間という時間軸に沿って構造化しています。加えて、ケアプランをも時間軸に包含し、介護サービスに関する情報や留意点などを一元的に集約したものです。

24Hシートというツールは、入居者・利用者一人ひとりに対して作るもので、単にケアに関する情報ボックスであるだけでなく、さまざまに活用できる機能も備えています。

介護が必要になった人には、精神的・身体的な機能の低下がみられます。たとえば、BPSD（認知症の行動・心理症状）が顕著になる場合もあれば、寝たきりになったり意思の疎通が困難になる、排泄や食事の介助が必要になる場合もあります。しかも、困難の度合いや必要とする支援の内容と量は、人それぞれ異なります。

施設運営における課題

■理念とは行動基準

　施設ではさまざまな専門職種が働いています。それらの専門的な知識・技術がうまく総合力を発揮して初めて、一人の人の暮らしを支援できるのです。知識は対象を把握し理解するのに必要ですが、専門分野が異なれば知識も異なり、対象の姿も変わって見えることがあります。ですから、異なる専門職種が議論すれば、時には着地点すら見出せない結果になることがあります。このような事態に陥らないために、理念があるのです。

　理念とは、施設で働く上で何を大切にするのかを具体的に示したものです。ですから理念には、施設の使命と使命を遂行する上での価値観が含まれていなければなりません。価値観とは、言い換えれば行動基準です。使命を遂行するために何をしてもよいことにならないよう、何を是とし何を非とするのかを明確に示す必要があるのです。

　24Hシートを作成・更新するプロセスを通して、一人ひとりの暮らしの継続の意味を理解し、情報の共有の大切さを理解し、施設が掲げる理念に基づいて仕事をするとはどういうことか理解するでしょう。

■管理者の課題

　課題のない組織や団体はありません。少しでも前向きに良くしようとする力があれば、必ず課題が存在します。職位や職種によって課題はさまざまですが、施設を運営する管理者にとってよくある課題とは、一体どういうものでしょうか。

　職員がやる気を出して、懇切ていねいなサービスを提供しつつ、一つの方向に向かって一致団結して進んでほしいという願いは、管理者として誰もがもっているでしょう。それゆえに、法人・施設の理念の浸透や実践といった課題があることを多く聞きます。

　皆さんの法人や施設が組織体であることはいうまでもありません。つまり、社会的な使命を果たすという意識をもった集団です。経営学者のピーター・F・ドラッカーは「組織の目的は凡人に非凡なこ

とをさせることである」と言います。組織に属する人たちが総合力を発揮するために、組織を構成しているのです。

　施設という組織は、専門職種の集団です。施設の管理者や上司がすべての専門知識・技術に精通しているとは限りません。そのため、専門外の管理者や上司が、専門職に実務の詳細まで指示・命令をすることはできません。専門職は、自分で自分を管理しなければならないのです。専門職は自らの目標や貢献意志、行動規範をもたなければならず、「ぶれない」ことが大切です。すべての職員が意思決定者であり、自分自身に対する管理者でなければならないのです。そのために「組織には絶えず正しい精神を吹き込むことが必要である」とドラッカーは言っています。

　このように法人・施設にとって、理念とその浸透は大きなテーマ・課題だといえるでしょう。

■介護サービスの特徴を踏まえた教育

　次に施設運営で課題となることが多いのは、組織を構成する職員の教育ではないでしょうか。具体的な教育の方法論の前に、法人・施設が提供している介護サービスの本質を考えてみましょう。

　1つ目の特徴として、介護サービスには形がありません。ですから、品質の良し悪しを測ることが難しいのです。2つ目の特徴として、不可逆性が挙げられます。つまり、やり直しが利かないのです。見守りという介護サービスの質の悪さが事故につながったケースを考えてください。職員の目の前で転倒事故があっても、転倒する前には戻れません。

　3つ目の特徴として、時間が重要な要素になることです。個別ケアの本質の1つに「必要な時に必要な量の介護」というものがあります。排泄介助は、1時間後でもよいとか明日でもよいというものではありません。4つ目の特徴として、サービスは量産できないということです。入浴介助を例にすると、来週の分も入浴しましょうとはなりません。一度にたくさん作ることはできないため、生産性は極めて低いものになります。

　5つ目の特徴は、貯蔵が困難ということです。つまり、生産と消費が同時に行われます。介護サービスを提供しているとき、これら

5つの特徴すべてを理解しているか否かで、結果は大きく異なってくるでしょう。

　さらに忘れてはならないこととして、ほんの少しの過誤や失敗が許されず、一瞬たりとも気を抜くことができない厳しい状況下でのサービス提供が介護です。これらサービスの本質が、職員教育の基本ではないでしょうか。このポイントを教育するツールとして、24Hシートを活用しない手はありません。

■ 具体的な支援方法の統一

　次に、私たちが入居者・利用者や家族から望まれているサービスについて考えてみましょう。皆さんの施設のパンフレットや求人広告には、どのような文言が書かれていますか。

　これらの文言は、消費者である入居者・利用者、家族にサービスの品質を約束していることにほかならず、職員に対しても同様です。それらの文書等には、個別や尊厳、生活や暮らしなどのキーワードが入っていませんか。また、ユニットケアという言葉を使っているとき、法令等で定められている基本方針※とかけ離れたケアを提供していれば、法令違反であるだけでなく、消費者を裏切っていることになり、社会的にも許されるものではありません。

※ユニット型特別養護老人ホームの基本方針並びに設備及び運営に関する基準　第33条

　消費者を裏切らないためにも、具体的な支援方法、モニタリングの視点、何に焦点を当てるのか等を、職員に対して実践的に教育することが不可欠です。職員が何に着目し、何を見逃しているのか、入居者・利用者ごとに偏りやばらつきがないかなど、実践教育のテーマは尽きません。

　入居者・利用者、家族に介護サービスを提供することで介護報酬を得ているにもかかわらず、職員にユニットケアの教育や実践的な指導・支援・体制の整備もしないままでは、法人・施設の管理者として非難を受けても仕方ありません。施設を経営する上でいかに教育が重要であるかを考えてみると同時に、実践的な教育ツールとして24Hシートの活用をおすすめします。

■ 採算としての利点

　経営者としては、採算という視点も重要です。よいケアを提供し

ていても、施設が経営的に存続しなくなれば、入居者や利用者、家族、職員に甚大な影響が及びます。資金繰りから財務状況の把握、経営の安定度などの経営指標の推移を見つつ、無理・ムラ・無駄の排除に努める必要があります。

　中でも無駄の排除は一見簡単そうですが、無駄を発見することすら容易ではありません。それは、現在の状況が当たり前で必要だと思い込んでいるところに発見の難しさがあります。本書では、ケアの無駄を省く事例が紹介されています。また、職員のシフトの効率化についてムラや無駄を省く事例もありました。24Hシートをうまく使うことで、排泄用品費の削減を実現した事例もその一つです。今までとは違う視点でケアを見直した結果として気づく無駄です。排泄に関する物品に限らず、入浴や口腔ケア、水、電気など、介護にかかる諸費用の無駄を見つける契機になります。

　これら運営上の諸課題を解決するためのソフトとそのツールとしているのが、24Hシートです。皆さんが管理者であれば、導入のゴーサインを出すのが職務ではないでしょうか。中間管理職であれば、上司に導入を具申するのが責務ではないでしょうか。ユニットリーダー研修を受講した人は、研修のハンドブックやテキスト等を再読し、仲間のリーダーに呼びかけ、導入に向けた計画を立案するのが、目の前の入居者・利用者のためであり、ひいては仲間のためではないでしょうか。

第4章　施設の運営への活かし方

第4章 ②

理念の浸透・職員教育の
ツールとしての24Hシート

● 特別養護老人ホーム「くわのみ荘」（熊本県熊本市）

①理念の共有

■「理念」の共有を図るために

　皆さんが働いている職場には、「経営理念」「施設理念」といった「理念」が示されていると思います。「理念」という言葉はよく耳にすると思いますが、なぜ施設には「理念」があり、どのような役割を果たしているのでしょうか。

　理念には「ある物事についての、こうあるべきだという根本の考え」という意味があります。一般的に「理念なき企業は倒産する」と言われるほど、とても重要とされています。では、皆さんの施設の「理念」の定義は何でしょう。施設の存在や方針、今後の方向性など根本にある考えを理解したうえで、私たちは働いていたでしょうか。また、共有するためにどのような取り組みをしてきたでしょうか。そこで、入居者の暮らしを知るツールである24Hシートを通して、職員間で理念が理解されているか否かを確認する方法と、共有を図るための考え方とポイントを紹介します。

■他職種との連携に活かす

　入居者の暮らしは、24時間365日連続しています。時間や日数は私たちの暮らしと何ら変わりはありませんが、サポートがないと暮らしていくことができません。では、この「サポート」は、誰が行っているのでしょうか。それは介護員をはじめとする専門職です。

　施設では、さまざまな専門職がケアに携わっています。普段の仕事を振り返ると、「入居者の体調がすぐれない場合」「食事形態の見直しが必要な場合」など、それぞれの事象に合わせ、各専門職種と連携をとり、解決できるよう取り組んでいるのではないでしょうか。

このように、入居者の暮らしが継続できるようにサポートするためには、他職種との連携が欠かせないはずです。しかし、現状はどうでしょうか。「介護職と看護職の間に壁があって」「生活相談員は現場のことを知らないのに」など、職種間で軋轢(あつれき)が生じていることは少ないのではないでしょうか。皆が同じ方向性をもち、職種間で連携をとるためには、どのように取り組めばよいのでしょうか。

　ここで大事なことは、皆が同じ方向性に向かい、その中で自分の果たすべきことをなすことです。すべては基準に基づき判断されるものであり、それが「理念」になります。「理念」を理解し、同じ考えのもとで他職種と連携をとり、入居者の暮らしのサポートを行うことで、それぞれの専門性が発揮され、入居者の暮らしの継続が実現されていくのではないでしょうか。各施設の理念のもとになるのは、老人福祉法や介護保険法などの法律で、それに基づいて施設は運営されています。それは、私たちの生活が、憲法があり、その規範に基づいて生活が成り立っていることと同様です。

　すなわちユニット型施設でいえば、老人福祉法第33条の「入居前の居宅における生活と入居後の生活が連続したもの…」、一言でいえば「暮らしの継続」が最終的な理念になります。24Hシートは、それを具体的に実践するためのシートです。入居者の暮らしの継続を実現するためには、入居者の1日の暮らし方を知る24Hシートの作成・活用が欠かせません。介護職だけで入居者の暮らしの継続は実現できません。多職種の専門的な観点から、意見やかかわり方を24Hシートに反映させる過程で、自然と連携が生まれます。そうすることで、理念の共有・実現がなされるのではないでしょうか。

②職員教育

■新人教育への活用

　施設を運営する上で、職員教育に関する悩みは、多くの施設が抱えている課題ではないでしょうか。近年「福祉業界は人材を確保することが難しい」という声を耳にします。管理者は「職員を募集しても応募者がいない」「ようやく確保できたと思ったが長続きしない」、現場からは「せっかく教えたのに」「また一からやり直し」と

いう悩みが尽きません。人材確保や職員の定着には、教育の仕組みが整っているか否かが左右します。そこで、24Hシートを職員教育のツールとして活用するポイントを紹介します。

職員教育の代表的な研修としては、新人職員研修が挙げられます。この研修では、施設理念や介護保険、就業規則、介護・医療に関する基本的な知識や技術といった講義形式の研修が行われ、その後、ユニットへ配属されて実務にあたることが一般的でしょう。基本的な技術や知識を学ぶ研修は不可欠ですが、実務にあたりどのような教育体制が組まれているかがポイントになります。

■根拠のある教育ツールとして

配属後は、先輩職員に付いて一緒に行動しながら技術や知識を教わり、ある程度できるようになれば、独り立ちします。それでは、入居者へのかかわり方は何を根拠に教えてきたのでしょうか。多くは、口頭やマニュアル等の書面、技術に関しては、実際に先輩を見ながら覚えるよう指導を受けていたと思います。入居者の暮らし方は個々により異なり、サポートを必要とするタイミングや方法、量も違います。対応する職員によりケアが変わるようでは、入居者も安心できません。24Hシートは入居者の暮らし方とそのサポート方法を「可視化」したツールで、誰もが同じサポートをすることができます。24Hシートの作成は、下記の職員教育に活用できます。

- アセスメント項目が標準的なサポート項目になるので、ケアの視点が養成され、標準化できる
- 作成にあたり、職員一人ひとりの力量が明確になり、個別指導がしやすい

24Hシートを職員教育に活用することで、根拠のある教育となり、多くの知識や技術を身につけることができます。

③物品管理

■物品管理への効果

施設の中にはさまざまな物品があり、入居者に直接関係する物品、関係しない物品があります。

入居者に直接関係する代表的な物品として、排泄用品があります。排泄用品には、おむつやパッド、ポータブルトイレ、尿器などがありますが、ここでは、おむつとパッドの適切な管理を取り上げます。

　今までの排泄介助は、排泄データをとり排泄リズムを把握してケアを行ってきましたが、果たしてその情報を本当にケアに活かすことができていたのでしょうか。施設によっては、入居者の一日の排泄回数や時間が決まっていることは少なくありません。

■おむつの定時交換の弊害

　おむつを決まった時間と回数で交換した場合、排尿がない人や排尿があっても排尿量が少ない人という両者のおむつを同等に交換していた…という経験をしたことはないでしょうか。特に夜間帯は、心地よく眠っている入居者に排泄介助を行うと、入居者は起こされることになります。一度起こされると、なかなか眠りにつくことができず、リビングに出てきたり、ベッド上でゴソゴソしたり、睡眠のリズムが崩れて昼夜逆転を引き起こします。その結果、転倒につながるリスクが高まります。

　職員は入居者が起きてくると、問題行動ととらえて、どうにか寝てもらえるように説得する…これでは悪循環です。夜間帯は、使用しているおむつに関して、一定の時間に交換することで吸収量の許容範囲を超えて、漏れが生じて使用量が増えます。排泄がない、または排尿量が少なくても、汚れているため交換することになり、無駄になることがあるでしょう。

　個々の排泄リズムのデータは、24Hシートに記入します。そこで、個人の暮らし方と排泄の関係を読み解き、より良いサポート方法を検討します。特に排泄はプライバシーを守ることが大切な要素のため、本人の暮らし方と合致させることが大切です。そして一覧表に展開することで、無駄なサポート力を見つけることができます。排泄リズムを把握し入居者個々にあった排泄用品を使用し、交換時間も定時から随時へ変えることで、適切な発注時期や数の把握ができ、適切な物品管理につながります。職員にとっても負担の軽減につながり、何よりも、入居者の安心した暮らしにつながります。

第4章 3

教育ツールとしての活かし方

● 特別養護老人ホーム「高秀苑」（大阪府八尾市）

24Hシート導入前の状況

　高秀苑は開設から2年間、ユニット型施設でありながら、職員の都合に合わせた集団ケアが行われていました。当時は、全室個室であればユニットケアをしていると思い込み、施設としてケアの方向性を明確に示せず、職員それぞれの介護観で入居者とかかわっていたのです。

　また、ケアの内容を共有・指導するためのツールがなく、それぞれの職員がバラバラに行っていました。そのため、新しい職員が入職して指導を受ける時、教えてもらう職員によって教え方が異なり、何が正しくて何が間違っているのかがわからず、入職した職員は、その日に出勤した先輩職員に合わせたケアを行っていました。出勤してきた職員次第でケアの内容が変わることになり、入居者に大変な迷惑をかけていたのです。このような状況で、ユニットケアに対する想いが強い職員の離職が進み、入職した職員がすぐに辞めていく『負のスパイラル』に陥っていました。

　そこで、この『負のスパイラル』から抜け出すために何が必要かを真剣に考えました。人はそれぞれ、感性や想い、優しさ、考え方をもっています。その中で仕事をすすめると、ケアがバラバラになり、その統一性はなくなり、なりゆきまかせの仕事になってしまいます。だからこそ、施設としてどのようなケアを目指しているのか、その方向性（理念）を明確にし、同じ方向（理念）に向かって、（ユニット職員だけでなく、他職種も含めて）チームでケアすることを確立しようと取り組みました。

　しかし、思うように改革できなかったのが、職員の考え方や現場での動き方といったソフトでした。ハードの改革は、見た目で「変

わった」ことがわかりやすく、職員が取り組めば結果として返ってくるため、取り組みやすいものです。しかし、ケアの具体的な内容については、結果がすぐに現れるものではなく、継続した指導・教育（気づいたり考えてもらうこと）が必要でした。

　当初は、ユニットケアの研修を施設内で定期的に行っていましたが、職員は単なる情報としてユニットケアを理解しており、実際のところ、実践するまで至りませんでした。その時に導入したのが、24Hシートです。

24Hシート導入後の変化

■活用できない理由とは

　24Hシートも、導入当初からすべての職員が理解していたわけではありません。ユニットリーダー研修に参加した職員だけが理解している状況でした。

　そこでまずは、リーダー研修に参加した職員がマニュアルを作り、施設のユニットリーダーに説明し、24Hシートの作成が始まりましたが、『使う』ところまで浸透しませんでした。今から考えるといろいろな理由がありました。その1つが、作ることが目的となっていたことです。上司から「作りなさい」と言われたものの、作成したことで目的を達成してしまい、実際に活用しようとは思っていませんでした。何のために『作る』のかが伝わっていなかったのです。

　さらに、24Hシートの使い方がわからなかったことが理由に挙げられます。日常的にユニット職員が、24Hシートを見ながら仕事することはありません。元々、24Hシートがなくてもサポートしていたため、24Hシートが『お飾り』になっていました。「本当に必要なものなのか」どうか、その時は誰もわかっていませんでした。

　1枚のシートを作り上げるまでに1か月程度かかります。本当に大変です。それだけ時間がかかるものなのに、職員が使っていない状況を見て、「このまま導入しても職員の負担が増えるだけではないのか」と悩んでしまいました。職員からは「24Hシートって必要ですか」という声が上がっていました。その時、単に導入さえすればケアが統一され、ユニットケアがすすむのではないことに気づい

たのです。その時から、『24Hシートをどう使うか』を考えて取り組みました。

■24Hシート活用の工夫

　取り組んだのは、24Hシート作成の流れを見直すことでした。高秀苑では、24Hシート更新の直前の時期に、担当者が見直しするだけになっていました。それでは24Hシートは職員間の共有のツールとなりません。作る際に、1人の担当職員が入居者から聞き取ったり作り上げるのではなく、作る過程から、他のユニット職員や上司・他職種がかかわるようにしなければ、職員間の共通のツールとならないと気づいたのです。

　導入の最初の時期に大切にしなければいけないことは、『24Hシートを作り上げること』ではなく、『24Hシートの作成にどのようにユニット職員や他職種がかかわって、一緒に作り上げるシートとするのか』だと思います。

　そこで、見直す期間を短くし（2か月ごと）、職員が24Hシートについて考える機会（24Hシート見直し会議）を定期的に設けるようにしました。加えて、24Hシートと記録を連動して使うことを考えました。これらの取り組みについて、説明したいと思います。

　高秀苑の24Hシートは、生活記録用紙[※]（**写真4-1**）とセットにして、ユニット内のパソコンが置いてある記録スペースに置いてあり、職員がすぐ見ることができるようにしています（**写真4-2**）。生活記録用紙に記録する時に、24Hシートを見ながら記録できるのです。

　こうすることで、24Hシートを見ながら、いつもと違うことに対する気づきや新たなこと（生活リズムの変化や意向等）が一目でわかります。気づいたことは付箋に内容を記入し、24Hシートに貼り付けます（**写真4-3**）。直接24Hシートに変更点を記入してしまうと、他の職員が違う意見をもっていた時に書き込みにくいためです。職員には、気がついた点があれば、付箋を貼り付けてもらいます。そして、毎月ユニットごとに開催する24Hシート見直し会議までに、見直し点について担当職員が意見をまとめます。まとめた内容を会議で報告し、ユニット職員や他部門の職員・上司に承認してもらう形式をとっています（**写真4-4**）。承認されれば、赤字で直接

※入居者1人につき1枚、24時間軸で1週間記録できるチェック表

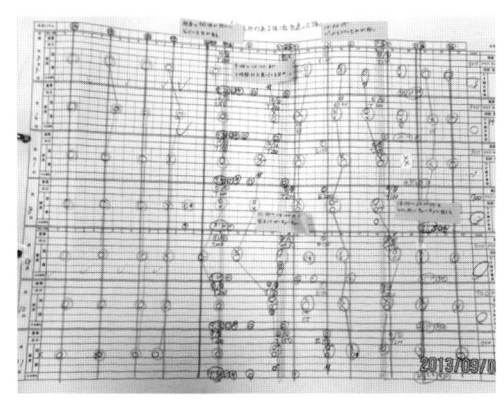

写真4-1
生活記録用紙（個人別チェック表）。起床・就寝・口腔ケア・着替え・食事・水分・排泄・入浴等、サポートしたことをチェックできます。24Hシートの『生活リズム』欄を転記し、24時間軸で記録しています。1枚で、1人の入居者の1週間の暮らしぶりがわかります

写真4-2
24Hシートと生活記録用紙を観て、ケアの内容等を確認しています。ユニット内に記録できるスペースを設けることで、サポートさせていただいた後、随時、記入・確認できます

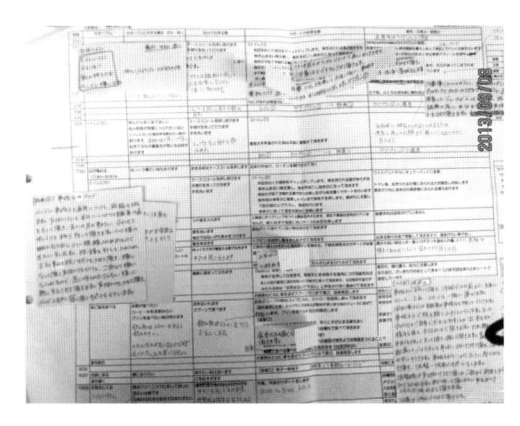

写真4-3
高秀苑の24Hシート。自分の気づいたことについて付箋を貼り、他の職員に意見を求めます。会議で承認されれば、赤字で記入します。2か月ですべて打ち変えて、新しい24Hシートになります

24Hシートに書き直します。

　このように、毎月必ず24Hシートを見直す機会を設けることで、ユニット職員や他部門の関心が高まり、「施設において重要な書類」という意識づけができました。他職種を含めて見直すことにより、入居者一人ひとりのケアを見直す共通のコミュニケーションツールになりました。24Hシートがユニットケアを前進させたのです。

写真4-4
24Hシート見直し会議の様子。付箋で貼った内容について、他のユニット職員・他部門の職員（生活相談員、介護支援専門員、管理栄養士、看護師、機能訓練指導員等）に承認を受けます

■教育ツールとしての活用効果

　24Hシートは2か月ごとに更新し、現場の職員がパソコンで打ち変えるのではなく、上司（統括・生活相談員・ユニットケア推進委員）が打ち変えて、新しいシートを現場に戻します。ユニットの職員がすべて完成させるのではなく、完成に至る過程に上司がかかわることで、2つの効果が表れました。

　1つ目の効果は、指導するにあたり、ユニットケアにおいて大事な視点（暮らしの継続）を中心に置いて指導するようになったことです。今までは、落ち着かない入居者に対して「どのように落ち着いてもらうか」など、問題への対処に重点を置いて指導していました。入居者は『身体的・精神的な問題を抱えている人』『認知症の○○さん』『右半身まひの○○さん』など、疾患や認知症に対してどのようにケアをするかばかり話し合い、『その人が何を望んでいるのか』はほとんど話し合われていませんでした。

　しかし、24Hシートを使うことで、認識が大きく変わりました。24Hシートは『その人の1日の暮らし』が一目でわかるシートです。入居者1人に1枚のシートがあり、同じ24Hシートはありません。導入当時の24Hシートは、職員がそのときに行っているケアを書いているだけでした。そのため、入居者は異なるのに、同じ内容が記載されているシートが何枚かでき上がってきました。そこで、「意向・好みを中心に考えるように」と職員に指導し、視点を入居者中心に移しました。入居者が「何を望み、何を思って暮らしているのか」を知ろうとすることがとても大切な視点だからです。

　24Hシートを職員指導に使うことで、今までの『認知症ケア』『重

写真4-5
事務所で、24Hシートを使ってユニットリーダーを指導しています。書かれている内容について、意向に沿ったケアができているか（目指しているか）、生活記録用紙からわかったデータを活かしているかなどを確認しています

度の人のケア』として取り組んできた視点ではなく、『その人がどう暮らしたいのか』という意向を大切にケアをする視点になりました。その人を中心にとらえて、望むことに対して、現状に合わせたケアを個別に考えることを指導できるようになったのです。

　また、他職種においても、24Hシートの作成に携わったり（看護師は平均バイタル表・薬表を作成。管理栄養士は食事形態・その人の食べる平均量を記した表を作成。機能訓練指導員は個別リハビリ表を作成。それらを24Hシートの別枠に添付）、24Hシート見直し会議に参加してもらうことで、『専門職として発言する』だけではなく、『入居者が希望する暮らしに対して、自分たちの専門性をどう発揮するか発言する』という、入居者の意向を大切した会議ができるようになってきました。

　こうして、ユニットケアの視点が少しずつ施設全体に根づいていきました。

■管理職と現場職員の橋渡しとして

　2つ目の効果は、上司がユニットで直接指導できないことが多い中、24Hシートを使用することで、現場（ユニット）を離れたところでも指導できるようになったことです（**写真4-5**）。これは、『ユニット』という小規模の単位でケアが行われる施設ではとても重要です。

　上司が日々職員にかかわろうと思っても限界があります。24Hシートが重要なコミュニケーションツールになれば、シートを通して「ここはどのようにケアしているのか詳しく書いて」「ここは皆で

情報を集めよう」「入居者の意向にどのように沿うべきか考えよう」など、ユニットリーダーにアドバイスし、付箋を貼って現場に渡すなど、適時指導し、意見を交わすことができます。

これまでは相談を受けたことや問題になったケースを中心にするしかかかわれなかったのが、職員の『ユニットケアに対する考え方』に対して指導できるようになったのです。ユニットケアの取り組みは、24Hシートの導入を経て前に進むことができました。

まとめ

■真の活用に向けた提案

今では、24Hシートはなくてはならないものになっています。しかし、導入後すぐ、現在のように使われていたわけではありません。導入するにあたり「なぜ24Hシートが必要なのか」を、現場だけでなく施設全体で考えることから進めないと、『作れと言われたから作ったシート』になってしまいます。作ることが目的ではなく、入居者の暮らしが継続できるようにサポートするために作るという施設全体の共通理解が必要です。ユニットで使うから、ユニット職員だけが作ればいいというシートではありません。

ユニット職員が中心となって作成しますが、作成の負担は大きいものです。だからこそ高秀苑では、24Hシートの導入にあたり、「今行っている仕事の中で、やらなくてよい仕事は何か」をユニットリーダーと一緒に考え、ユニット職員の仕事を整理しました。これこそが『施設全体で取り組む』ということではないでしょうか。真剣に導入しようと思うのであれば、施設全体でユニット職員の仕事量を再検討し、スムーズに導入できるように考えていかなければなりません。

24Hシートがあれば、ケアの問題すべてが解決するわけではありません。24Hシートを使うことでケアの視点が変わり、その人に合わせたケアを考えることができるようになることが、24Hシートの効果といえます。

最初からその人の意向に沿ったシートを作るのはとても難しいです。しかし、何度も作り直していく過程で、上司を含めて少しずつ

同じ視点でケアを考えることが大切です。このことを含めて理解することで、導入に対して前向きになることができるのでないでしょうか。

継続して使うためには、上司とユニット職員の情報共有・指導・教育ツールとしての仕組みを作り上げることが欠かせません。取り組めば取り組むほど、入居者のさまざまな情報が詰まったシートになります。そのようなシートになるまで、時間をかけて、少しずつ取り組んでいきましょう。

■職員が自ら『考える』ツールとして

上司から言われたことを単に実行する体制では、たとえ正しいケアの考え方を伝えていたとしても、自分で考えない、対応できない職員ばかりになってしまいます。介護現場において、入居者の暮らしはその日によって異なります。マニュアルではケアができません。現場の職員が『考える』ことができるようにしなければ、ユニットケアは実現できません。だからこそ、職員が『考える』ツールとして、上司が24Hシートを使わなければ、本当の意味での指導にはなりません。

ケアの視点を1日の暮らしに向けて、「問題をどう解決するか」ではなく、「1日の暮らしを見つめ直してみる」という視点に目を向けることが大切です。時間どおりにケアをするのではなく、その人のこだわり（朝起きたら何から始めるのかなど、その人の手順）を大切にしようと、職員同士が同じ認識で把握できるツールが24Hシートです。そのためには、実際にケアを行っている職員だけで作成するのではなく（この方法では、自分たちが実際に行っているケアしか書かれていないことが多いです）、上司もかかわりながら、視点がずれていないかどうかを確認する必要があります。そうすることで、24Hシートがより充実したものとなります。

入居者がそれぞれの暮らしを継続するためには、入居者一人ひとりに対して「どう暮らしたいと思っているのか」「そのために自分でできることを踏まえて、どうサポートすればいいのか」を考え続けることが必要です。その視点をしっかりと伝え、指導できるツールが24Hシートです。

第4章 排泄用品を中心とした物品の適正化

● 特別養護老人ホーム「三好園しんざ」（新潟県十日町市）

24Hシート導入前の状況

　施設で使用する物品として挙げられるものは、施設や入居者の状況によって異なり、多種多様です。なかでも排泄用品は、どの施設でも欠かせない物品です。そのため、支援の方法によっては、施設の経費を大幅に左右します。

　三好園しんざは全室個室のユニット型施設として開設しましたが、従来型施設から異動してきた職員と新規採用の職員とで構成され、ユニットケアに携わった経験のある職員はいませんでした。

　開設当初は、排泄支援の方法として、施設側で時間を決めて排泄に携わる方法を用いていました。つまり、施設の日課（排泄時間）に入居者を合わせた状況です。従来型施設ではおむつカートを使用して予防衣を着用し、施設の端から順番に交換することが当たり前でした。したがって私たちが一人ひとりに合わせた排泄支援を浸透させるまでに時間がかかりました。

　パッド類は、日中2種類、夜間1種類と、重ねて使用できるシートを利用していました。そのため、入居者の排泄支援に関しては十分な選択肢が用意できていなかったといえます。職員は、いかに次の排泄支援の時間まで、パッドから尿が漏れずに済ませるかという方法ばかりにとらわれていました。紙おむつや紙パンツ、パッド類などの知識にも乏しく、それぞれの排泄用品の特性を活かした使用方法を理解していない状況で、「大は小を兼ねる」といった具合に、不必要に大きいパッドを使用していました。

　排泄支援に携わる中、施設で決めた時間による支援のため、携わった時間に排泄されていないことも多くありました。このような定時交換は、入居者にも余計な負担をかけ、職員の不必要な支援に

つながります。「大は小を兼ねる」排泄用品の使用は、大きめのパッドを使用しても少量しか出ていないことから、尿量に応じた使用とはいえず、余計な費用をかけていたのです。

入居者、職員の反応

■一人ひとりの排泄パターンの把握

開設後、個別に排泄を支援するために取り組んだのは、入居者一人ひとりの排泄パターンを把握することでした。個別に応じた排泄支援には、データを取って排泄パターンをつかむことが大切です。

そこで、データを取るためにどのような書式を使用するかを検討し、データ表を作成しました。2時間に1回の頻度で排泄支援を行い、パッドに出ている尿量を測定しました。その際使用するパッドは、ノーマルタイプを選び、測定した尿量をデータ表に書き込みますが、すべてのユニットで一度にすべての入居者を対象とするのは困難でした。そこで測定する人をユニットごとに一人ずつ決めて、一人あたり一週間という期間を設けて測定しました。測定することで、一人ひとりの尿量や排尿のリズムが異なることが確認できました。もちろんデータを取る際は、入居者の同意を得ることが欠かせません。

データに基づいて確認できたのは、24Hシートに記入することで、排泄に関してどの時間にどのような支援をするのかを可視化し、ケアを標準化することです。また、随時尿が漏れるのか、蓄尿機能が保たれているのかを、データを基に判断できます。24Hシートを目安に排泄支援に携わり、一人ひとりのリズムが異なることで、施設側で時間を決めた一斉一律の交換が無意味であることが実際にわかりました。

希望を伝えなければ施設の日課で決めた時間まで排泄支援を受けることができない入居者にとって、快適な排泄とは思えなかったことでしょう。毎日の暮らしの中で、入居者にとっては耐えがたく、尊厳を揺るがすことかもしれません。

■心身の負担の軽減と羞恥心への配慮

一斉交換では、入居者が何かに集中している最中でも途中で中断

❹ 排泄用品を中心とした物品の適正化

図表 4-1　24Hシート導入前後にみる一覧表を通した排泄の変化

導入前

時間	A	B	C	D
0:00				
～				
7:00		起きる	起きる	起きる
15		洗顔	洗顔	洗顔
30	食事	食事	食事	食事
45				
8:00	薬を飲む	薬を飲む	薬を飲む	
15	歯磨き　横になる	歯磨き		歯磨き　横になる
30			歯磨き　横になる	
45		トイレに行く		
9:00	排泄		排泄	排泄
15				
30				
45				
10:00	起きる　飲み物を飲む	飲み物を飲む		起きる　飲み物を飲む
15			起きる　飲み物を飲む	
30				
45				
11:00				
15				
30		トイレに行く		
45				
12:00	食事	食事	食事	食事
15				
30			薬を飲む	
45	歯磨き　横になる	トイレに行く	歯磨き　横になる	歯磨き　横になる
13:00	排泄	歯磨き　横になる	排泄	排泄
15				
30				
45				
14:00				
15				
30				
45				
15:00	起きる　飲み物を飲む	起きる	起きる　飲み物を飲む	起きる　飲み物を飲む
15		飲み物を飲む		
30				
45	横になる		横になる	横になる
16:00	排泄		排泄	排泄
15				
30				
45				
17:00				
15		トイレに行く		
30	起きる		起きる	起きる
45	食事	食事	食事	食事
18:00				
15				
30	薬を飲む	薬を飲む	薬を飲む	薬を飲む
45	歯磨き	トイレに行く	歯磨き　横になる	歯磨き　横になる

168頁へつづく

導入後

時間	A	B	C	D
0:00				
～				
7:00	排泄		洗顔　点眼	寝返り
15		排泄		
30		起きる　着替える　洗顔		
45		盛り付けをする		
8:00	起きる　洗顔	食事（パン食）	起きる	
15	食事		食事	
30		薬を飲む	薬を飲む　テレビを観る	
45	薬を飲む	歯磨き		
9:00	雑誌を見る		歯磨き	起きる（2人介助）洗顔
15		リビングで過ごす	横になる　排泄（坐薬を入れる）	食事
30	歯磨き　横になる		テレビを見る	
45				歯磨き　横になる（2人介助）排泄
10:00	排泄　寝返り	飲み物を飲む	排泄	
15	テレビを観る		飲み物（コーヒー）	
30		トイレに行く（2人介助）		
45		横になる		
11:00				自室で過ごす
15			自室で過ごす	
30	起きる			
45	テレビを見る	起きる　おしぼり巻き		
12:00		食事	排泄　起きる	
15	食事		食事	
30			薬を飲む	
45				
13:00			尿破棄　歯磨き	起きる（2人介助）
15			横になる　テレビを観る	食事
30	リビングで過ごす（テレビ・雑誌）	歯磨き　横になる		
45				
14:00			起きる	
15				
30	飲み物を飲む		リビングで過ごす	飲み物を飲む
45				
15;00	歯磨き　横になる	起きる	横になる　テレビを観る	歯磨き　横になる（2人介助）
15	排泄　寝返り	飲み物を飲む		
30	テレビを観る	トイレに行く（2人介助）		排泄
45	上肢・手指の運動			
16:00		横になる	自室で過ごす	
15	自室で過ごす			
30				
45				
17:00			排泄　起きる	自室で過ごす
15				
30	起きる	起きる		
45	テレビを観る	テレビを観る		
18:00		食事	食事	
15	食事		薬を飲む	
30		薬を飲む		
45	薬を飲む		尿破棄　歯磨き　横になる	起きる（2人介助）食事

169頁へつづく

❹排泄用品を中心とした物品の適正化

時刻				
19:00	横になる		歯磨き 横になる	排泄	排泄
15	排泄				
30					
45					
20:00					
15					
30					
45					
21:00					
15					
30					
45					

・○○ユニットのシフト
　7:00～16:00／11:00～20:00／15:00～0:00
※シフトパターンが夜勤を含め7パターンしかなく、施設の日課に入居者の暮らしを合わせていた。限られたシフトパターンしかないため、どのユニットも同じシフトパターンで一斉一律の支援になっていた。

して、排泄支援を受けていました。実際には尿が出ていなくて無駄に終わったことも数多いです。入居者も、自分自身で出ていないことがわかっていても、「決まりですから」と言われれば、やむを得ず交換に応じる状況でした。中には、出ていないことを伝えられると、不機嫌になる入居者もいました。

　また、尿が出ていないからと、1時間後に再度排尿の有無を確認することも少なくありませんでした。「職員は忙しそうだから」「コールを押してもなかなか来てくれない」。無駄な支援があったからこそ、なかなか応対することができず、待たなければならない入居者の言葉です。施設で決めた日課は、施設内でのルールになります。職員は、業務として交換しなくてはいけないという気持ちをもっていました。

　しかし、24Hシートを目安に排泄支援を受けることで、入居者の心身の負担が減り、羞恥心の配慮につながりました。無駄な交換が減ったことで、入居者からの排泄の希望も随時対応が可能となり、負担が減少したことで、それまで迷惑そうな表情だった入居者から「ありがとう」という感謝の言葉が聞かれました。

　24Hシートの導入により、入居者への支援の考え方について一人ひとりの職員に変化がみられました。一斉一律の交換や職員の主観による排泄支援が、24Hシートを通じて個々の入居者の暮らしを可視化できることで、「1ユニットの同じ暮らし」から「個々の暮らし」

時刻				
19:00				
15			自室で過ごす	薬を飲む
30	歯磨き			
45	横になる			
20:00	排泄　寝返り	歯磨き	薬を飲む	歯磨き　横になる（2人介助）
15		トイレに行く（2人介助）		排泄　軟膏塗布（胸）
30		着替える　横になる		
45		排泄（紙おむつへ）		
21:00				
15				
30				
45				

・○○ユニットのシフト
　7:00～16:00／（8:00～11:00）／12:00～21:00／13:00～22:00　（　　）内はパート職員
※シフトパターンは夜勤含め19パターンに増やし、必要に応じてシフトの変更が可能となり、入居者の暮らしに合わせることできた。

に意識が変わったのです。また、今まで当たり前のように行っていた支援が、実は一斉の支援だったことに気づかされたこともあります。人間誰しも、きっかけがないと客観的に見たり、気づきを得るのは難しいものです。日々の支援の中で取り組むきっかけとなったのが、24Hシートでした。

施設運営への効果

■一人ひとりに合わせた排泄用具の提供が、適切な費用に結びつく

　個々の排泄パターンを把握し、24Hシートを目安に支援することで、入居者の快適な排泄や羞恥心への配慮につながり、職員は個別の暮らしに意識が向くきっかけとなります。それでは、施設の運営にはどのようにつながるのでしょうか。

　運営に直接つながる要素としては、排泄で使用する物品（紙おむつやパッド類）のコストに着目する必要があります。皆さんの施設でも、排泄用品をどの程度揃えて実際に使用するのか、日々苦慮していることでしょう。当施設も、最初は4種類のパッドで定時交換するなど、大雑把な管理でした。

　24Hシートを導入した後も、個々の排泄時間に合わせることはできましたが、物品のコスト削減に結びつけることができませんでし

た。排泄支援で大切なことは、集めた尿量のデータを有効に活用することです。少ない種類のパッドでは、データを取ることはできても有効に活用することは困難です。個々に合わせることのできる種類を用意する必要があります。職員も、それらに関する知識を学ぶ必要があります。パッド類の特性を知っているからこそ、有効的な活用につながります。

これらを踏まえて取り組んだのは、特性や容量が異なるおむつ・パッド類を30種類ほど用意したり、毎年メーカーを施設に招いて勉強会を開催し、知識を習得することです。勤務シフトを細かく設定し、24Hシートに沿った支援に行き届いたこともあり、次第に物品のコストの削減につながりました。**図表4-2**は、おむつ類に関する年間コストの変化、**図表4-3**は、施設の平均要介護度の変化です。

職員にとって、多くのパッド類を扱うのは負担です。日々の支援では、パッド類に対する考え方やコストについて振り返る余裕がないかもしれません。しかし、コスト管理の視点を現場職員がもつことは大切です。個々に合わせるからこそ、物品の種類についても考えていかなければなりません。

図表4-2　おむつ類の年間消費コスト

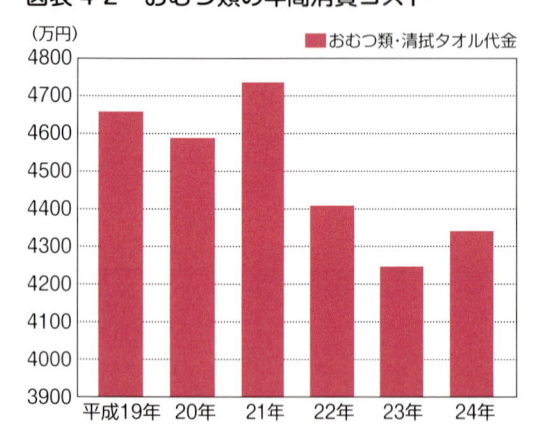

図表4-3　施設の平均介護度

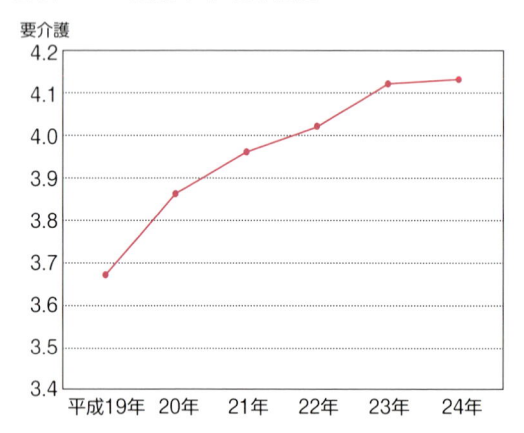

まとめ

■コスト削減の第一歩としての活用を

　1ユニットに10人が暮らしていれば、10人それぞれに排泄パターンがあります。方法は異なっても、「出す」という行為は1日の中で何回も行われます。10人の排泄データを知り、データを基に支援することで、10人分の排泄用品の適正化につながり、施設全体で取り組むことで、コストの削減効果が期待されます。

　排泄は、人間が暮らしていくための自然現象です。だからこそ、1日の暮らしである24Hシートに記載して活用することで、快適な排泄行為につながります。入居者の想いを知りかかわることで、ケアの標準化とともに、ケアの不要な部分を削ぎ落とし、入居者の負担を軽減し、専門職としての資質も向上します。

　排泄への取り組みを、24Hシートを通したコスト削減で表すことができれば、運営面や職員の士気の向上につながることが期待されます。

　一人の職員だけでは、排泄支援に関する取り組みは成し得ません。排泄支援に関する考え方を、組織としてどのようにとらえて取り組むかが肝心です。特に管理者は、現場を経験している人もいれば経験していない人もいます。24Hシートを用いることで排泄用品の適正化が図られ、運営面にも効果があることを管理者が理解すれば、導入を検討せざるを得ないでしょう。

　今なお、定時交換で排泄支援している施設は数多いことでしょう。長年の方法に慣れて、定時交換が当たり前だと思っている人もいます。しかし、どの業界も、コストをいかに削減すべきか思考錯誤しています。福祉の世界も同様です。24Hシートの導入はその第一歩ともいえます。

　今までみてきたように、24Hシートを導入・活用することにより、当たり前のように介護現場で使用していた消耗品や日用品、食事にかかる費用などの適正な管理へつなげることができるようになります。このことをきっかけとして、職員間にコストに対する意識が高まり、結果として紙おむつの適正化や食事調理量の見直しなどができたといってもいいでしょう。

各種のコスト削減を図りながら、削減したコスト分を使ってユニットでのケアを今まで以上に高めていくことが求められていきます。これからも、24Hシートを活用してさまざまな可能性を見出せるものと思います。

第5章
24Hシートの可能性

第5章 1

グループホームでの活用

● きのこ老人保健施設（岡山県笠岡市）

● 概要

　Jさん（80歳、女性）は要介護1で、障害高齢者の日常生活自立度J2、認知症高齢者の日常生活自立度Mで、アルツハイマー型認知症を患っています。在宅時より被害妄想や暴言があり、家族との関係が悪化していました。在宅サービスの利用を試みましたが拒否が続き、認知症治療疾患病棟への入院を経て、グループホームに入居しました。

　グループホームでは、日常的に食事の後片づけや洗濯物干しなどを職員と一緒にする場面がみられます。一見穏やかに生活している様子ですが、他の入居者と友好的な関係が築けません。どんどん家事をこなすJさんと、「わざわざそんなことしなくてもいいのに」と考える他の入居者は、時に衝突します。Jさんは耳が遠いので、その場の状況・相手の表情や行動を見て判断します。

　また、一度相手に不快な思いをさせられると、固執します。以前衝突したような場面であれば、相手が何も干渉せず無関心でも、過去の怒りや不満が思い出されるのか、自分の部屋に戻り、大きな音を立てて暴言を吐きます。職員に自分の思いを話すと、すっきりした表情や笑顔をみせます。しかし一人になると、職員に話したことを「迷惑をかけた」と落ち込みます。他の利用者から言われたことを誇張して訴えることがあったので、職員は被害妄想があるのではとみていました。

　また職員は、Jさんにかかわる中で、落ち込む原因を作るのではないかと常に気にしていました。

24Hシート作成の流れ

　ケアプランの更新時期に、入居者ごとに決められた担当者が、Jさんの入居後の経過を記録から振り返りました。Jさんは入居直後から、職員の動きを見て食器洗いや洗濯物干しなど、自分でできることを自発的に行っていました。家へ帰りたいと訴えることはなく、自分のペースで生活しているように思われました。他の入居者は比較的要介護度が高いため、Jさんからは積極的にかかわろうとはしませんでした。職員に対しては、気を使いながらも話しかけます。当時のアセスメントは、**図表5-1**のとおりです。

　入居から1か月が経過した頃、Jさんは足の痛みや体調不良を訴え、曇った表情をみせるようになりました。グループホームに入居したことで環境が変わり、集団の中で漠然と自分の将来への不安が大きくなってきたのかもしれません。趣味の読書や庭の草抜きなどの作業に集中している姿とは、まるで別人でした。

　そこで、Jさんの生活支援について、何がJさんをつらくさせているのか、人とのかかわりの中で何が喜びなのかを中心に考えることにしました。聞きたいことやしてほしいことがあると、Jさんは職員が忙しくない時を選んで話しかけます。そんな時はじっくりと話を聞きますが、比較的気分がよい状態の時に自由に話してもらえるよう、意識的にかかわりました。注意したのは、Jさんの話から早急に答えをみつけようとせず、信頼関係を作ることです。職員への遠慮や気づかいがあるので、少しでも気楽に話せる関係づくりを目指しました。あわせて「認知症の人のためのケアマネジメントセンター方式」の一部※を使って、情報を収集しました。

　次に、Jさんの家族から、在宅時の様子や生活でのこだわり、習慣を聞き取りました。家族が繰り返し話す中に、認知症を抱えた後のJさんの生活のしづらさを知るヒントがあるのかもしれないと考えたからです。カンファレンスで全職員が情報を持ち寄り、その時点の24Hシートを作成しました（**図表5-2**）。職員一人ひとりが気づいている「Jさんがこんなときに困っている」「こんなときに遠慮している」など、状況や場面ごとの情報が集まりました。次に、職員が気づいたことや追加情報などを自由に書き込みました。

※B-3「私の暮らし方シート」、B-4「私の生活環境シート」、C-1-1「私の心と身体の全体的な関連シート」、D-1「私ができること・私ができないことシート」

❶ グループホームでの活用

図表 5-1　入居時のJさんのアセスメント表

入居者名		入居年月日		入居までの居場所の変遷	
J　　　　　様		平成 X 年 Y 月 Z 日		自宅→認知症治療疾患病棟→GH	

	キーパーソン	名　前	続柄	現住所	TEL（日中・夜間・携帯）
家族情報		①　　　　　　　様			
		②　　　　　　　様			

家族情報	家族構成 （名前・年齢・居住地・仕事・同居別居の区別）	家族や家族関係に関する特記事項
		入居者の現住所（住民票のあるところ）

発症時の状況	数年前より夫に対する嫉妬妄想や攻撃的なことを言うようになる。1年前より精神的に不安定となり胸が苦しい・腹が痛いと訴え、その都度病院へ受診するも異常なし。秋口より、被害妄想が悪化。認知症治療疾患病棟へ入院となる。	発症前の生活習慣に関する情報	衣	汗っかきで、寒がり・暑がり
			食	偏食はなし
発症時の生活	○△市に生まれる。学校を卒業後、事務仕事をしてきた。22歳で結婚し、退職。5人の子どもに恵まれる。子育てをしながら、百姓をしていた。四男夫婦と同居するが、嫁の作るものにはいっさい箸をつけず、漬物があればいいと、食べようとしなかった。		住	一戸建て
			家事	洗濯をするのが好き
経由施設での状況	通所リハビリを週2回利用するも、体調不良や用事を理由に、月1～2回しか利用しなかった。日中は1人で過ごし、妄想・作話が大きくなっていく。家族とトラブルが続き、認知症治療疾患病棟へ入院する。 テレビを観たり、レクリエーションに参加して過ごす。スタッフに対しては弱々しい表情で話をする。他の患者に対しては、お世話してあげたりするが、いつしかトラブルに発展することがある。助言をしたり、家族の面会で精神状態の安静につとめ、過ごしていた。		仕事	事務仕事
			趣味	読書
今後の希望	・ADLの低下防止（本人が、寝たきりになることを不安に思っている）。 ・穏やかな生活が送れるようにお願いします。		睡眠	良眠ではあるが、本人は不眠と訴える
			入浴	早風呂

ケアの課題の明確化と対応

■Jさんのかかわり方の課題

　24Hシートの『本人の意向・好み』を記入する中でわかったことは、家事をするときにAさんが「職員の手が空いたときに」「職員さんは忙しくてやることがたくさんあるから、これぐらいは自分がしないと…」と繰り返し言っていたことです。グループホームでは、自分は世話になっているから、何か役立つことをしなくてはいけないという思いが強いようです。職員への細かい気づかいがある一方で、他の入居者への苛立ち（いらだ）を露（あらわ）にすることもあり、複雑な葛藤があるのではないかととらえています。

　Jさんは「もう家には帰れない」と職員に話したことがあります。本心は「帰りたいけれど、帰れない」と思っているけれど、自分に言い聞かせているのではと推測しています。また「寝たきりになっても、ここに置いてもらえる？」と口にし、全介助の入居者を思いつめた表情で見ています。日々目に入る光景が、将来への不安を駆り立てるかもしれません。施設では避けられない光景ですが、介護職がJさんの思いを理解しておく必要があります。

　Jさんは家事をしていて、イライラする様子をみせることがあります。本人の中で気分の変化があるのかもしれませんが、「忙しい職員」「介助を受けている他の入居者」「家事をしない他の入居者」と自分の間に壁があり、疎外感を感じているのかもしれません。入居者が家事をすればケアが完結するのではなく、主体性のある生活をどのように再編するかが課題です。

　また、職員に遠慮して言えない思いと、家族に遠慮して言えない思いが混在していることも見えてきました。職員間や家族とのやりとりの中で、Jさんのもつ「気づかう力」を再認識しました。

■課題に対する対応

　同じ『自分でできる事』をしていても、活き活きしている姿と、疎外感や不安感からイライラしている姿の両極があることを観察しました。根底に流れている不安を、さまざまな場面で職員に話してもらえるようにしました。Jさん自身が話すことで、自分の思いを

24Hシート

図表 5-2　Jさんの24Hシート（一部抜粋）

時間	生活リズム	意向・好み	自分でできる事
0:00			
5:00	ベッドから起きる トイレに行く 洗面する 入れ歯装着 整容 着替え	衣類について 【本人】 服は家族が買ってきてくれたものを着ていたらそれでいい。ほしい物などはない	・ベッドから起き上がり、時計を見て時刻を確認する ・自室内のトイレに行く。洗面所で顔を洗い、うがいをする。ケースから入れ歯を取り出して装着する ・洗面所の鏡を見ながら髪をとく。または手で整える ・衣類を選び、パジャマから服に着替える
6:00〜	リビングに行く		・エレベータを使って1階に下りてリビングへ。朝食の準備ができていたら、自分の席に着く。準備がまだとわかったら自室に戻り、時間をおいて出直す。必ずタオルを持ってくる
6:30	朝食を食べる 薬を飲む	【本人】 漬物が食べたい、自分で買ったものがいい。気兼ねなく食べられるから	・箸を使い自分で食べる（左手で茶碗や食器を持つ） ・手のひらにのせられた薬を、口の中に含み飲み込む
7:00	片づけをする	【本人】 職員さんは他にも用事があって大変でしょう。これぐらいしないと	・食器をキッチンの流し台まで下げ、スポンジ・洗剤を使って洗う ・洗った食器は流しの横にある食器乾燥機に入れる
7:30	洗濯物 ・洗濯する ・干す	【本人】 自分の服を洗濯したい 自分の洗濯物が干してあれば、自分で取り込み、たたみたい 【本人】 今日の日付がわからなくなる	・洗濯物を職員のところへ持って行く。場合によっては直接洗濯物を洗濯機に持って行く ・洗濯機の中を覗いて、洗濯物を取り出し外に干しに行く ・物干しの洗濯物を取り込み、リビングでたたむ ・自分の洗濯物がまだ乾いていなければ、ハンガーごと自室へ持ち帰り室内で干す ・洗濯物を一緒に干そうとする職員に「やっとくからいいよ」と気づかいを見せる ・今日の朝刊で、年月日を確認しメモする
8:00	読書したりちょっと寝る	【本人】 本読むのが好き 覚えるほど繰り返し同じ本を読んでも、好き	・自室に戻り、本を読む ・眠たくなったらベッドで眠る
9:00	お茶を飲む	【本人】 特に飲みたいのはない 皆と同じのでいい 温かいか冷たいのかは時期によるし…	・時間を確認し、リビングに出てくる ・コーヒーなら、砂糖やミルクを入れる ・お茶を飲む

サポートの必要な事

・様子を見に行く
・入れ歯を入れているか、整髪・衣類は季節に合っているか確認する

【食事の留意点】
食事がすすまない時、主菜を残す時は以下の原因が考えられるので配慮が必要。
・量が適量でない(多すぎる)
・下痢または便秘
・失禁した
・気分的な落ち込みがある

・時間になっても下りてこなかったら、居室まで声をかけに行く
・入れ歯を入れているか確認する
・ランチョンマットを敷き、本人用の箸・茶碗・汁椀でセッティングする

・ご飯の時は、梅干しがいるか本人に確認する。必要であれば、冷蔵庫から漬物を出す
・ご飯をよそう時、量を見せて確認する
・なかなか食事がすすまない時は、声をかける
・食事が終わったら、声をかけて薬を手のひらにのせる。服薬したことを確認する

・本人が食器洗いしやすいように、流しの中・食器乾燥機の中をすっきりさせておく
・他の入居者の空いた食器を下げる。乾燥機のスイッチを入れる

【片づけの留意点】
・洗った食器を、台拭き・手拭き用タオルなど目についたもので拭いてしまうので、置き場所に注意する。
・他の入居者が使用した口拭きタオルも、流しで下洗いするために置いておくと、食器などを拭いたり、流し台を拭いたりするので置き場所を統一する。
・他の入居者の空いた食器は、本人が早く片づけたくて気になるので、配慮する。

・テーブルを拭いたりしながら、本人の様子(収納場所がわからなかったり、何か探していたり困っているようなことはないか)を見て、さり気なく示したり声をかける

・洗濯物を預かり、洗濯機を回す
・声をかけ、洗濯物か確認し、洗濯する
・大きなもの(ベッドパッドなど)は干す。たこ足が干しやすい位置にあるか確認する
・一緒に洗濯物を干す。今日の朝刊を読むようにすすめる

【洗濯物の留意点】
・まだ洗濯できていない物を洗濯機から取り出し、干そうとすることがある。これから洗濯することを説明し、自発的な行動を否定するような表現や表情にならないよう注意する。
・円背のため、見上げる位置のピンチハンガーは負担がかかり、干し方に戸惑うことがある。本人にとって、身体を反らさずに干せるハンガーやたこ足が適当な位置にあることを確認する。
・本人から「やっとくからいいよ」と声がかかった時、お願いをしていったんその場を離れ、後で確認する。本人の満足度や達成感を大切にする。

その時に飲みたいものを選べるようにする

【飲み物の留意点】
内服中の降圧剤はグレープフルーツ(ジュース含む)が禁忌なので避ける。

他者が理解していることを感じ、望んでいたことが実現に向かっているのだと実感できれば、職員に対する遠慮や自分の存在意義も変わってくるだろうという視点をもちました。

また、日々の「わかりにくく混乱していること」をさりげなくわかりやすく工夫しました。例えば、あらかじめ物の位置や区別しにくい物を分けたり、声をかけるタイミングを変えることで、自発的な行動を促しました。Jさんが周囲の様子を見て「ここでは○○しなければならない」と感じ、その窮屈さが職員との間に壁を作っている可能性も考えました。Jさんの周囲を観察する力を、自分で確認できる方向に発揮できるように、かかわりを組み立てました。

■本人の思いを中心に据えたシートづくり

Jさんは自分でできることが多く、周囲に合わせる力もあることから、いわゆる「困らせない人」です。目立つ行動で職員を振り回すこともありません。他の入居者が重度だと、職員の目はその人に向きがちです。身体の障害と異なり、精神的な問題はわかりにくさがあります。職員一人ひとりの感性が当然異なるように、Jさんの不安に対する反応もさまざまです。ケアも変わります。この訴えにはこのように答えるというのは、知らず知らずのうちに決まるものです。

職員個人で認識しているJさんの思いを、チームで受け止めて課題・対応と進めるためには、会議を重ねて日々気づいたことをていねいに記録に残すことが必要でした。会議では、職員間の関係やそれぞれの思いにギャップがあり意見交換に至らず、視点が偏りがちです。客観的にJさんの思いを汲み取り、課題に導くためには「視点」をぶれさせない必要があります。その道具として24Hシートを作成しながら、Jさんの思いを中心に考えているかどうか振り返ります。職員個人がしたい介護をJさんのケアに直結していることはないかなど、なぜそのケアが必要なのかを考えるきっかけになりました。

住まう場に左右されない大切な視点

　入居者の「暮らしの場」のあり方を考えていくことが、認知症ケアでは重要です。認知症高齢者の場合、入居者本人が生活環境を整えたりコントロールすることが苦手になっています。

　認知症高齢者は、記憶や見当識の障害、失認・失行といった中核症状を抱え、自分の居場所はもとより、時間の感覚や自分の存在感にさえ不安を覚える心細い思いをもった人たちです。認知症高齢者の事例として「介護への抵抗」が取り上げられることがありますが、そもそも理解力や認知能力の衰えた認知症高齢者の抵抗とは何なのでしょうか。視点を変えてみると、それは「拒否」であったり「戸惑い」であったり、ときには「恐怖感」の意思表示である場合が少なくありません。それは、自分のペースで物事が運ぶのではなく、他人のペースで物事が運んでいくことへの拒否や戸惑いです。入居者自身の生活のリズムを大切にし、本人存在感や役割を大切にすること。認知症の有無にかかわらず、高齢者へのかかわりや介護サービスにおいて最も大切な視点です。

　私たち自身も普段の生活の中で自分なりにそうしたことを求めているため、難しく考える必要はありません。「普段着」でいられるリラックスできる場所、自分の役割や存在が大切にされる「居場所」、そして自分自身で意欲や興味をもって取り組むことのできる趣味や仕事の大切さです。認知症高齢者とは、こうしたことを自分で組み立てたり管理することが苦手な人たちです。それをサポートするのが「24Hシート」になり、グループホームでも活用できます。管理でも押しつけでもなく、個々の暮らしの継続が介護の基本であることを忘れてはなりません。

（きのこ老人保健施設　副施設長　宮本憲男）

第5章 ②

ショートステイでの活用

● 特別養護老人ホーム「至誠キートスホーム」(東京都立川市)

● 概要

　Kさん(95歳、女性)は要介護度3で、障害高齢者の日常生活自立度A2、認知症高齢者の日常生活自立度Ⅲbで、認知症による短期記憶障害と見当識障害があります。また、左股関節骨折、ポリオ、高血圧の既往歴があり、車いすを足で漕ぐように自走しています。

　4年ほど前、認知症状の進行と身体機能の低下があり、主たる介護者の休養と本人の楽しみなどの目的で、ショートステイの利用を開始しました。ショートステイでは本人のペースや意向を尊重し、車いすで自走する際は可能な限り行動を制限しない、居室環境を自宅の自室にあわせて事故を防ぐことを目標としていました。

　しかし、他の居室に無断で入ったり、エレベーターに乗って地階に行ってしまうことに加えて、耳が遠く突然大声を出してしまうことから、他の利用者とトラブルになりやすい人でした。職員誰もが、Kさんの存在を受け入れつつも対応に苦慮していたのです。

　利用開始から3年ほど経過した頃から、感情が不安定で、夜間にまとまった睡眠がとれなくなり、食事も摂れず、服薬への強い拒否が目立つようになりました。その年の夏、臀部に表皮剥離ができてしまい、自宅で快方してもショートステイで悪化するということを繰り返していました。

　家族からは『ショートステイで母を見てもらって本当に助かっている。でも、私の介護休暇のために母に痛い想いをさせてしまうのは申し訳ない』という話が聞かれていました。

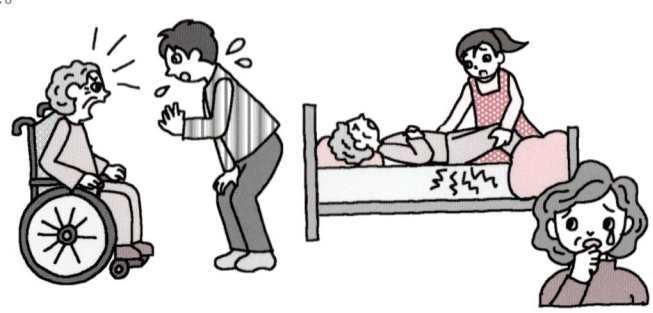

24Hシート作成の流れ

　ショートステイの専用ユニットに24Hシートを導入したきっかけは、職員によってケアが異なること、引き継ぎや情報共有の難しさ、業務省力という3つの課題への対応です。最初は特養で導入していたシートの書式そのままで使用しましたが、違和感がありました。ショートステイの担当職員は、特養とのケアの違いに着目し、必要な情報が何かを改めて考え、書式から作り直すことにしました。

　特養の24Hシートは、生活の継続性・自己決定・有する能力の活用を意識したケアを提供するため、"好み・希望、本人のできる事、サポートの必要な事"などを、24時間軸に沿って記入しています。場面別ではなく、時間軸で一覧化・可視化することで、その人の生活の流れを把握します。

　対してショートステイは、生活基盤は自宅であり、『一時的に過ごす場＝自宅に戻ることが前提』です。つまり"自宅に戻った時に本人が混乱しないように、家族が困らないように"することが求められます。ですから、『家族が実施しているケア』と『サービス利用中の具体的なケア』がわかる形がよいと考えました。その他、基本事項となるADLの状況や医療情報は一目でわかるように別枠で作り、事前準備に活かせる居室内の図、ケアの参考になる他サービスの利用状況も載せることにしたのです(**図表5-3**)。

　書式を完成させた担当職員は、まず、それまでの帳票や利用記録をもとに［ショートステイでのサポート］欄を埋めていきました。そして、入退所の際に改めて自宅での様子を家族に伺い［自宅でのサポート］欄を埋めたのです。他サービスの利用中の様子については、ケアマネジャーにも話を伺いました。

　24Hシートの作成と同時進行で、ユニットでの活用方法や更新のルールを決めました。特に注意すべき点や、利用計画にも記載してある重要な部分にはマーキング、その利用時限りの追加情報は付箋に記入して貼る、その後も継続となる情報や修正があれば赤色ペンで加筆・訂正するなどです。更新については、大きく状態が変化した時、もしくは3か月ごととしました。

　そして、完成した24Hシートから順次使用していきました。

❷ショートステイでの活用

24Hシート

図表5-3　Kさんの24Hシート

K様　　　ケアマネジャー○○○事業所　　○○○CM

【緊急連絡先】

	氏名	続柄	同居	自宅	携帯電話
①	○○○ ○○○	長女	同居	012-345-6789	090-1234-5678

【かかりつけの病院】　○○○病院（○○Dr）　　　○○○接骨院

【既往歴】

病名	時期	かかった病院等
高血圧	平成○○年頃	○○○病院

【週間予定】

	月	火	水	木	金	土	日
□デイサービス		○			○		
□デイケア				○			
□ホームヘルプ							
□訪問看護							
□往診							

【入浴】

	月	火	水	木	金	土	日
入浴場所			訪問入浴				

自宅の居室環境

（図：ポータブルトイレ、介助用バー、入口）

ショートステイの居室準備

（図：床頭台、着床センサー、ポータブルトイレ、手すり、入口）

ADL

食事形態	常／一口	食事介助	見守り
食事制限	なし	入れ歯	なし
とろみ	なし	飲み物	牛乳ホット
排泄	日中：トイレ介助	夜間：トイレ介助	ポータブルトイレあり
移動方法	車いす（介助）	センサー	着床センサー
認知症、精神症状など	認知症：短期記憶障害、見当識障害→徘徊・帰宅欲求・幻聴・幻覚		
視力	支障なし	聴力	支障あり
麻痺	その他	言語障害	支障なし

24Hシート（一部抜粋）

時間	私の暮らし	自宅でのサポート	ショートステイでのサポート
7:00	①起床 ②更衣 ③トイレ	目を開けていたり、独り言を話しているときに声をかけて起床する。着替えは全部介助をしている。声をかけてベッド横にあるポータブルトイレを使用している。	①夜間不眠のことあり。本人の生活リズムに合わせる。目覚めていれば起床。 ②右半身がやや弱い。右上腕が痛むことあり、更衣時は注意。 ③日中：リハビリパンツL＋ワイドパッド使用。尿意を訴えることが少なくなっている。定時で声かけ・誘導必要。間に合わず衣類を濡らしてしまうこともあり。ズボンの上げ下ろしと清拭・パット確認。拒否ある時は様子を見る。臀部やそけい部に表皮剥離がある時は、持参のワセリン塗布。
8:00	①朝食 ②服薬	リビングにあるいすに移って食事薬は口の中に入れる。錠剤は出してしまうことあるので最後まで確認する。	①いすに座る。車いすは視界に入らない場所に置く。滑り止めシート、短めの箸、軽い器使用。左手で一品ずつ食べる。掻き込むことあり、誤嚥注意。 ②服薬は口の中に入れる介助が必要。拒否のある時は時間をおく。拒否が強ければ返却。飲み込み確認。
9:00	リビングで過ごす、または散歩	いすに座ったまま、リビングからテレビ（子ども番組が好き）を観ていたり、居眠りをしている。	いすのままで過ごす。落ち着かないようであれば車いすに移りフロア内散策も可。エレベータに乗ってしまったり、他者とトラブルになることあり、要所在確認。※逃げないくんタイプの車いす（立ち上がると自動的にブレーキがかかる）を使用。車いすからのずり落ちあり、適宜、座り直す。

ケアの課題の明確化と現実

■ショートステイ利用目標の再設定

職員一人ひとりがもっていた情報を24Hシートに集約したことで、どの職員でも同じケアを提供できるようになったはずですが、Kさんの状態に変化はありません。また、24Hシートに対する職員の反応もほとんどありませんでした。

そこで担当職員は、Kさんの現状を整理することにしました。

〈Kさんの様子〉

①生活が不規則で、昼夜逆転傾向あり。
②食事摂取にムラがあり、服薬も拒否が目立つ。
③徘徊・帰宅欲求があり、エレベーターに乗る、施設外に出てしまう。
④入浴拒否があり保清できず、着替えも難しい。
⑤感情の起伏が大きく、不安定である。
⑥臀部に表皮剥離ができる。トイレ拒否もあるため清潔が保てず、ショートステイ利用中に悪化傾向あり。

次に、現状を踏まえ、あらためてショートステイ利用における目標を設定しました。

❷ショートステイでの活用

〈Kさんのケアの目標〉
①感情が安定し、規則正しい生活が送れること(食事・睡眠・服薬等)。
②清潔が保たれること(入浴・トイレ・臀部の傷の治癒)。
③利用中は本人が安心して穏やかに過ごせること。

　担当職員は、Kさんには認知症があるものの「ショートステイは自宅ではない＝泊まりに来ている」という認識があり、自宅では不眠はあるものの比較的穏やかに過ごしていることに思い至りました。そこで、自宅ではどのように過ごしているのか、他のサービス利用中の様子、家族の本音などを、あらためて情報収集することにしたのです。

　実は相談員が、臀部に表皮剥離ができた頃からKさんの家族から相談を受けていました。

　『臀部の傷は自宅にいるとよくなるのに、ショートステイを利用すると悪化する。いろいろ処置をしたり、クッションを考えたりしているけれど…』『ショートステイでは自由に動いて車いすで過ごす時間も長いから、悪化してしまうのは仕方ないのかな。お世話してもらってすごく助かっているし、ありがたいし…』

■情報収集だけでは、ケアは変わらない

　そんなある日、ショートステイから自宅に帰宅すると、臀部が今までになく悪化していたため、利用は一時キャンセルとなってしまいました。利用再開前、相談員はケアマネジャーから、自宅や他サービス利用中の様子を聞きました。すると、いすで過ごしている時間が長いことがわかりました。

　それまでは、行動を制限せずに自由に自走してもらうことが本人の意向を尊重したケアだと思っていましたが、それは思い込みだったのでしょうか。そこで、ショートステイ利用中も、いすに移って過ごしてもらうことにしました。

　すると、見違えるような変化があったのです。食事は落ち着いて食べ、服薬も拒否はみられず、夜はぐっすりと眠るようになりました。感情も以前ほど不安定ではなくなり、何より穏やかで、笑顔で過ごしている時間が増えたのです。家族もとても喜んでいました。

早速、このかかわりを24Hシートに書き加えました。利用再開後、間もなくすると臀部の表皮剥離も完治しました。他の職員からも「Aさん、変わったね」と聞かれるようになりました。一方で「なぜ変えたの？」「行動を制限しているのではないか？」と疑問に思う職員もいたのです。
　担当職員は思いました。単に情報を収集してケアを変更しただけでは、職員の24Hシートに対する意識は変えられません。ショートステイで導入する意義を全員で考えて理解する機会が必要だと。そこで、勉強会（＝夜勤を行う協力ユニット全体での情報共有・課題検討などの機会。月に1回、ユニット会議のもう一つ大きな単位として実施）の中で、ショートステイというサービスと24Hシートについて学ぶ時間を設けました。そこでは、Kさんを事例として、担当職員があらためて気づいたことを伝えました。

〈担当職員の気づき〜伝達したこと〉

> ・私たちサービス提供者には、利用者と家族が安心して利用できるサービスを提供することが求められている。
> ・ショートステイのケアには"自宅でのケアを継続する"という視点が必要である。
> ・ショートステイでは、環境の変化を可能な限り小さくし、家族が実施しているケアを可能な限り提供することが重要である。
> ・これらを実現するために、全職員で情報を共有し、誰がかかわっても安心して皆と同じケアを提供できるツール＝時間軸で１日の生活の流れと必要なケアが見える24Hシートが有効である。

　勉強会後のアンケートでは、参加職員のほとんどが、ショートステイの必要性と24Hシートの意義について理解を深めたことを好意的にとらえていました。24Hシート導入への意識も、前向きに変わっていました。
　その後、全職員から意見を聞いて24Hシートを改良し、相談員も含めて、管理方法や施設でのルールを決めました。新規利用者は相談員が事前面接で仮作成し、利用時にかかわった職員が追記する。利用が定着したら、担当職員が主となってパソコンで作成する。保

管場所については、個人ファイルに入れて所定の位置に戻すなどです。

そして全員で協力して作成し、少しずつ導入していきました。

まとめ

現在、Kさんはいすでの生活を続けていて、ショートステイでも生活リズムを崩すことなく過ごしています。周りの環境が刺激となり、時折大きな声を出すことはありますが、あくまでも一時的で、感情的には安定しているといえます。家族からも安心して任せてもらっています。

現在、ショートステイを利用するほとんどの人について24Hシートが作成され、3か月を目途に更新を実施しています。初めてショートステイにかかわる職員や応援職員からは「24Hシートを活用することで、安心して同じケアを提供できる」という声が聞かれます。他の職員と同じケアを提供できるということは、かかわる職員にとって心の負担を軽くします。

また、「自宅での生活や家族のケアを意識するようになった」という声もあり、ショートステイに対する意識の高まりを感じています。一方で「ほしい情報が載っていない」「実際のケアとの違いを感じてしまう」という、情報収集不足と思われる意見や、利用者によって情報量に差があるという現状も明らかになりました。

〈今後の課題〉

- 内容の充実…情報収集・集約が職員のスキルに左右される。
- 新規作成とタイムリーな更新…利用者の数に対して、担当する職員の数が少ないのが現状。負担軽減のためにも、かかわる職員全員で分担する意識が必要である。
- 他事業所との連携…ショートステイの利用者は他の在宅サービスも利用している。情報収集のためだけではなく、利用者の生活を包括的に支えるためにも、ケアマネジャーや他事業所との情報共有・交換は必須である。

■ショートステイで24Hシートを導入する際に

　私たちは24Hシートを導入する際、「ショートステイって何だろう」と考えることから始めました。どんなに便利なツールでも、必要性や根拠が理解できなければ、職員に受け入れてもらえません。導入して継続的に活用していくためには、意識の共有が不可欠です。担当職員だけではなく、全員がかかわり、全員が納得できる24Hシートを活用しましょう。

　ショートステイは、利用者と家族の在宅生活の継続のために、欠かすことのできないサービスです。安心して暮らし続けられるように、地域で暮らす人たちを包む支援の輪が途切れることなく続いていくことを願います。

第5章 3

デイサービスでの活用

● 八色園デイサービスセンター（新潟県南魚沼市）の実践

　訪問介護、短期入所と並ぶ在宅サービスの3本柱の一つ、通所介護（デイサービス）では、家族のレスパイトや入浴サービスだけでなく、機能訓練など、在宅生活の継続という視点でサービスが提供されています。今後の高齢者介護における「できるだけ地域で暮らし続ける」という目的においては、このデイサービスが核となり、利用者のニーズに対応することが求められます。

　暮らしの継続を支えるツールとして、24Hシートはデイサービスでどのように活用されているのでしょうか。雪深い新潟県南魚沼市における実践をご紹介します。

特養での実践をデイサービスに

写真5-1
清水義人施設長（上）と生活相談員の上村真代美さん

　八色園デイサービスセンターは、特別養護老人ホーム八色園に併設され、同敷地内に隣接する市立ゆきぐに大和病院とともに、南魚沼医療福祉センターを形成し、地域の高齢者の在宅生活を支えています。

　特養の八色園は日本ユニットケア推進センターの実地研修受入施設として、2009年から24Hシートを活用してきました。デイサービスでは翌10年、特養の職員がデイサービスに異動したのを契機に、新規の利用者から随時24Hシートを活用したアセスメントを行っています。すべての利用者（定員：一般型40名、認知症対応型9名。登録者80〜90名）の24Hシートが揃ったのは、導入から1年が経過した11年のことです。

　「特養の24Hシートは入居者の生活を24時間みるので、それぞれの項目に詳細なケアが書かれています。そのため入居者一人あたり約3枚にもおよびます。しかしデイサービスでは、その日によって

利用する利用者が異なることからも、一目で支援すべき内容がパッとわかることが求められます。ですから「時間」は1時間単位で区切り、身体状況や生活行為に応じた注意点はまとめて下部にまとめる工夫をして簡素化を図っています」(特養の清水義人施設長)

24Hシート作成の流れ

ここで、八色園デイサービスセンターにおける24Hシート※作成の流れをみてみましょう。

※八色園デイサービスでは「過ごし方シート」と呼んで活用。

①事前訪問（契約）

利用申請があると、デイサービスの生活相談員（上村真代美さん）が利用者・家族と面談し、24Hシートにある項目（過ごし方、希望、支援、留意点など）を細かく聞き取り、暫定の24Hシートを作成します。「よくある『預かってもらえさえすればいい』といった要望から、おしゃべりしたい、リハビリをしたいなど、利用者やご家族のニーズはさまざまです」と上村さん。

⬇

②サービス利用

事前に暫定シートを作成することで、初回利用時から、職員はその利用者に何を支援すればよいのかが具体的にわかります。

⬇

③モニタリング・見直し

担当者会議の際、定期的に見直しの検討を行います。以前は通所介護計画書の担当者が24Hシートの見直し役を兼ねていたため、時間的に余裕がなく、定期的な見直しができなかったといいます。そこで現在では、パート職員も含めた全職員がモニタリングを行い、事業所内の担当者会議で、利用者一人につき6、7名の担当職員が見直しを行っています。「見直しができないと、新しい職員が24Hシートを見たときに、そのときの利用者像と異なっていることからサービスに支障をきたすことがあります。ですから、見直しは必須ですね」（上村さん）。今後は、更新までの間の変化を赤字で記入するなどの工夫を考えているといいます。

デイサービスでの効果

写真5-2、5-3
特養の利用者も利用するリハビリ室。良い意味で我先にとリハビリを競う利用者が多いため、入口には張り紙も

　前述のとおり、デイサービスの利用者のニーズはさまざまですが、平均要介護度は2.5と比較的低く、特徴として機能訓練の充実が挙げられます。**図表5-4～5-6**にある24Hシートを見ると、目標（希望）に対する自立支援の視点での介護職のかかわり、必要なリハビリが一目でわかります。24Hシートを使うことで介護職の役割が明確になり、リハビリと生活行為を結びつけ、目的を意識したケアの提供が可能になります。

　「24Hシートは時間をかけて充実させていくものです。例に挙げたBさんとCさんは利用開始から1年未満ですが、Aさんは3、4年利用されているので、シートの内容も充実しています」と上村さん。定員や登録者が多いデイサービスで導入する際には、見直しの頻度も重要です。八色園のように担当者会議での見直しをシステム化するなどしないと、何年経過しても変わらないシートになり、使い勝手の悪いものになりかねません。

在宅生活の連携のツールとして

写真5-4
八色園デイサービス友の会と称したボランティアの協力は、26年にもおよぶ

　最後に、在宅生活の連携のツールとして、24Hシートの効果を考えてみましょう。八色園の場合、特養だけでなく、ショートステイの利用者にも24Hシートを導入しています。デイサービスの利用者がショートステイを利用する場合、同じ場所にあるほうがなじみ深いことから、八色園のショートステイを希望することが多いといいます。その場合、デイサービスの24Hシートの情報はショートステイの担当者と共有され、在宅生活と変わらないサービスが提供されます。24Hシートの情報は居宅のケアマネジャーの手元にもあるため、他法人のサービス利用に際しても活用されていることでしょう。

　ショートステイの担当者も、日替わりの利用者に対して、今では24Hシートがないと在宅生活をふまえたサービスの提供は難しいといいます。連携という視点からみても、デイサービスでの24Hシートの活用は有意義だということがうかがえます。今後は医療・介護という制度の枠を超えた連携も期待されます。

24Hシート

図表 5-4　Aさんの24Hシート

過ごし方シート　　　　　　　　　　　　　　　記入日　平成25年2月28日　　　名　前　　　A　様
　　　　　　　　　　　　　　　　　　　　　　　　　　　　　　　　　　　　　　記入者　　　○　○

私の利用目的		
緊急時連絡先	①000-000-0000　②000-000-0000	
主治医　ゆきぐに大和病院	ケアマネジャー	○○○○

時間	メニュー	確認事項	私の希望	私のできる事	必要な支援	留意点
9	送迎	家屋の状況 移動手段 安全確認の必要性	部屋まで迎えに来てほしい。	つかまれば、お尻を支える程度の介助で立てます。	お部屋まで送迎します。自分で立ってもらい、お尻を支えながら自前の車いすへ移乗します。	ペダルに足がきちんと乗っているか確認してから移動する。
10	お茶 おやつ	好きな飲み物 トロミ具合 制約の有無	何でも好きです。	何でも食べます。	歯がないので、固いものは食べにくさがないか聞きながら対応します。	歯がないので、飲み込みに注意する。
11	入浴	浴槽の形態 入りたい時間帯 長湯のリスク 湯加減	気分がのらないこともあるので、上手に誘ってほしい。	足を踏ん張ってお尻を上げたりすることはできます。	一般浴にて、着脱は足の痛みに配慮しながら行います。	皮膚状態の観察をし、必要な処置を行う。
12	食事	食事の種類 食べたい時間帯 むせの具合 食べられないもの	何でも好きです。	何でも食べます。	常食、牛乳を用意します。歯がないことに配慮して盛り付けします。	歯がないので、飲みこみに注意します。
	薬	昼食後薬の有無	なし。			
13	お昼寝	寝具、マットの環境など	あまり昼寝はしないです。		眠れなくても、横になって休む時間を設けます。ベッドは低床にして、こまめに様子をみます。	
14	個別 メニュー	リハビリ レクリエーション 手工芸 楽しみなこと	リハビリをして家族が移乗できるようにしたい。歌や読書が好き。		トイレやベッドへの移乗や、いすやソファへの座り換えを行い、立位をとる機会をもちます。	好きな本をすすめたり、歌などを歌う場所に誘う。
その他		平成23年10月に自宅で転倒し左大腿部を骨折した。左足に痛みがあり、移動は車いすとなっている。				

		手伝ってほしい事	私のできる事	必要な支援	留意点
身体状況	まひの有無 その他	ひざに痛みがあることがあります。	足を踏ん張り立つことができます。	移動は車いす(自前)。移乗は足を踏ん張って立ってもらいます。	左足が内側に曲がってきていて右足と交差するので、そのつど声をかけて直してもらう。
会話	聞こえの具合	少し聞こえが悪いです。そんなに大きな声でなくても聞こえます。	誰とでもお話ができます。	わかりやすく説明、話をします。	
理解	もの忘れなど	もの忘れがあります。時々どうしたらよいのかわからなくなる時があります。賑やかにみんなと話がしたいです。	昔のことはよく覚えています。	わからないことはそのつどお話しします。	
口腔ケア	義歯の有無	歯がありません。	うがいができます。	口腔ケアの声をかけ、うがいを勧めます。	
排泄	排泄用品 介助の方法	トイレへ案内し、便座に腰をかける介助をしてほしいです。	介助バーに両手でつかまり、立ちます。	紙おむつとパッドを使用しているので、時間をみながらパッド交換をします。	皮膚の状態を観察する。
その他		トイレ介助時は腹圧をかけ、排便や排尿がすっきりと出るようにしていく。また、血尿など排泄物がいつもと違う様子があれば、ケアマネジャーや家族に報告していく。			

図表 5-5　Bさんの24Hシート

過ごし方シート　　　　　　　　　記入日 H25年11月25日　　　名前　　B　様
　　　　　　　　　　　　　　　　　　　　　　　　　　　　　　記入者　　○　○

私の利用目的	入浴、リハビリ、外出と交流	
緊急時連絡先	①000-000-0000　②000-000-0000	
主治医	○○病院 脳外科：○○○○	ケアマネジャー　○○○○

時間	メニュー	確認事項	私の希望	私のできる事	必要な支援	留意点
9	送迎	高床式住宅。7段の階段あり。移動は車いすまたは短距離は4点杖介助。	自分では階段を降りられないから、心配です。		ベッドまで迎えに行きます。デイサービスの車いすを持参。高床の階段は2人で抱きかかえます。	靴の履き替えはなし。
10	到着	利用時、移動は車いす			車いす介助。	
11	入浴	一般浴	温泉のような風呂に入りたい（一般浴のこと）。ぬるめのお湯が好き。長湯はしない。	手摺りにつかまり、一時立っている事はできる。	全介助ですが、本人に聞いて、自分で洗いたい部分があれば、洗ってもらいます。	立位時のバランスを崩しやすいので、転倒注意。
12	食事	全粥、ヨーグルト	手の力が弱くなったので、スプーンも用意してほしい。牛乳は嫌い。	セッティングしてもらえば自分で食べます。	箸・スプーンを用意します。	
	薬	昼食後薬はある			昼食後に渡します。	
13	お昼寝	介護用ベッド使用	ベッドの移乗は、介助バーがあるとつかまって立ちやすい。		移乗はすぐ手が出せるようにして、見守ります。	転倒注意
14	個別メニュー	リハビリ実施	リハビリを頑張って、自分でトイレを使えるようになりたい。	リハビリの意欲があります。	初回利用時に療法士の評価を受け、リハビリのメニューを決めます。	
15	お茶おやつ	制限なし	お茶が好き。特にほうじ茶が好き。人とお茶が飲めることが楽しみ。	自分で飲みます。	何が飲みたいかお聞きします。	
その他	病名はフェイスシート参照。本人には伝えていない。前向きな性格で、今より少しでも良くなりたい・自分でできるようになりたい気持ちが強い。そのためリハビリを希望。家族も自宅内の歩行器使用ができればよいと希望している。					

		手伝ってほしい事	私のできる事	必要な支援	留意点
身体状況	左上下肢全まひ。右も筋力低下あり。			「良くなりたい」と意欲は強いが、体力的なことや転倒の危険性に十分配慮します。	
会話	お話好き		みんなとおしゃべりしたいです。	知り合いや話し仲間の人と近くになるように、配慮します。職員も積極的に話しかけます。	
理解	もの忘れは年齢相応				
口腔ケア	上下入れ歯。自宅では食事の時だけ装着			利用中の入れ歯の装着は本人に確認します。	
排泄	失禁はないが、用心に紙パンツ使用。日中はトイレ、夜間はポータブルトイレ介助。	トイレに連れて行ってほしい。付き添ってほしい。	便は○○使用で、ほぼ毎日出ています。	トイレ誘導。移乗やズボンの上げ下げは見守り。いつでも援助できるように付き添います。	転倒注意
その他	急変時は○○病院ではなく、△△病院に救急車で搬送する。毎週木曜日は訪問リハビリ。				

図表 5-6　Cさんの24Hシート

過ごし方シート　　　　　　　　　　　　記入日　H25年12月14日　　　名　前　　C 様
　　　　　　　　　　　　　　　　　　　　　　　　　　　　　　　　　記入者　　〇〇

私の利用目的	腰の痛みはあるが、ここで歌を聞いたり歌うことや話をすることが楽しみ。
緊急時連絡先	①000-000-0000（2時頃と15時以降のみ）　②000-000-0000（①以外の時間帯）
主治医　ゆきぐに大和病院　〇〇医師	ケアマネジャー　〇〇〇〇

時間	メニュー	確認事項	私の希望	私のできる事	必要な支援	留意点
9	送迎	玄関入口の階段は3,4段あり、スロープを出し、車いすで出入りする。	部屋まで迎えに来てほしい。	車いすをベッド脇までつけてくれれば、車いすに移ることができます。	移動は車いす。部屋のベッド脇まで車いすをつけます。車いすへの移乗は自力可。移動は全介助。	
10	到着	内履きなし。	緑茶、番茶は好き。コーヒーもたまに飲みます。	飲みたいものを選びます。		車いすは多少自走できる。動き出しがあり、転倒の危険があり、テーブルに着いたら、車いすのフットサポートは開いておく。
11	入浴	一般浴　浴槽への出入りは階段使用可　週3回入浴（月・水・金）	ゆっくりと自分のペースで入りたい。	自分でできる範囲で着脱する。頭部・背中以外は自分で洗えます。	頭部・背中の洗浄は援助します。他は声をかけながら見守る。腰が痛い時は手伝う。衣類の交換も援助を要します。	ペースメーカーが入っているため、長湯にならないよう注意する。入浴の拒否があるかもしれないが、最低でも週2回入れればよい。
12	食事	特全・牛乳　高血圧と指示があるが、麺OK。自力食可	嫌いなものはない。何でも食べられます。	自分で食べられます。		
	薬	昼食後、薬あり。		渡してもらえれば、自分で飲める。	薬ケースは口腔ケアの袋に入っているため、必ず出しておく。	自宅ではケースに分けて、飲み間違いのないようにしている。
13	お昼寝	ベッドがいい。			ベッドへ移乗する際、援助します。スイングバーがあれば、自力で移動可能。腰の痛いときには休息を勧めます。	腰痛の具合により、寝ていられないこともある。動き出しがあるため、目配りが必要。転倒注意。
14	個別メニュー	歌を聴くのも歌うのも好き。	歌を聴くのも歌うのも好き。		レクリエーション、歌のDVDやカラオケへお誘いします。	手作業は好き。
15	お茶おやつ	緑茶、番茶は好き。コーヒーもたまに飲む。	何でも好き。			コーヒーは甘いのが好き（砂糖を入れる）。
その他		腰部骨折の既往があり、腰の痛みや下肢のしびれがある。腰の痛い時には休息を勧める。				

		手伝ってほしい事	私のできる事	必要な支援	留意点
身体状況	まひはなし。ペースメーカーが入っている。腰痛あり。	腰が痛いので気をつけてみて欲しい。		本人に痛みの様子を伺いながら対応します。	
会話	聞こえの具合		よく聞こえています。		新聞も眼鏡なしで見える。
理解	アルツハイマー型認知症。			わかりやすいよう説明します。次に何をするか説明します。	
口腔ケア	自分の歯のみ	洗面台へ案内する。	自分で歯の洗浄、うがいができます。		
排泄	尿意・便意あり。紙パンツ・パッド使用	トイレへ案内する。		トイレ使用の際は、ズボンの上げ下げの援助を行います。	尿意があった時に動き出すことが多い。動き出しがあった際は確認してみる。トイレ使用時は外で待つようにします。
その他					

おわりに

管理職のみなさまへ

　「最近の若者は、内向き志向が強く、チャレンジ精神が希薄だ。人材育成が課題だ」と頭を抱えてはいないでしょうか。私たちは、実に年間5000人以上の介護リーダーとお会いしています。

　決して現状に留まることをよしとせず、自らの潜在的な可能性を発揮する場を求める人は少なくありません。ただ、思いを実現させるための具体的な方法や手段を見出すことができない、意欲はあってもなかなか行動に移すことができずに悩んでいます。管理者の方にはぜひ、このことをご理解いただき、多くの潜在的能力をもった職員が、その専門性を鍛える場、挑戦するために必要な知識や経験を豊富に学べる場を提供してほしいと思います。24Hシートの作成は、そのスキルを備える人材の育成にも有効なツールの1つです。

　良い人材はいずれ、施設・法人の未来を開拓していく一人となり、きっとみなさんの力となることでしょう。ぜひご活用いただければと思います。

中間管理職のみなさまへ

　何か新しいことを試みようとすれば、必ず反対勢力や抵抗勢力が出てきます。改革の初志を貫き、新たな時代の介護を創造するためには、具体的なビジョンを示すことが必要です。24Hシートは、その1つのツールとなります。

　より良いケアを目指す中で、意見が衝突するのは当然です。そのため、職員を納得させるための理論を構築した上で、コミュニケーションを積み重ね、施設が一体となって改革に取り組む風土を作り上げてほしいのです。できない理由を考えるのではなく、大切なのは、実現するためにはどうすればよいのかを考えることです。新たな取り組みにはエネルギーが要りますが、中間管理職として、しっかりとしたビジョンを掲げ続けて、部下を導き続けてください。

介護職のみなさんへ

　24Hシートの鍵を握るのは、情報量であり、情報力です。この情報システムの構築に最も重要な役割を担うのが、介護職のみなさんです。

　高齢者の暮らしに寄り添い、一番身近な存在であり、入居者や家族との密接な人間関係を築き、信頼を得ているからこそ、知り得る情報はとりわけ本質をとらえたものになります。介護職のみなさんの強みを、自信をもって活かしてください。みなさんが知る、入居者の「いつもの」「いつもと違う」情報を、他の職員と共有してください。介護職一人ひとりが活躍することが、「高齢者の暮らしの継続」につながる鍵となります。

　24Hシートを作成するハードルは、それほど高いものではありません。どのような施設種別であっても実用化は可能です。24Hシートは、決して作ることが目的ではありません。あくまでも、どのような状況であっても人として「暮らしの継続」が保障されるための手段の1つとして存在するツールです。

　最後まで本書をお読みいただき、ありがとうございました。

執筆者一覧（付記は肩書きと本書の執筆箇所。執筆順）

秋葉 都子（一般社団法人日本ユニットケア推進センターセンター長）................ はじめに
菊地 奈津子（一般社団法人日本ユニットケア推進センター副センター長）.......... 第1章、おわりに
海野 やよい（特別養護老人ホーム「晃の園」人材育成課課長）...................... 第2章①
平山 政浩（特別養護老人ホーム「真寿園」施設ケア部長）............................ 第2章②
滝川 将史（特別養護老人ホーム「清明庵」施設長補佐）.............................. 第2章③
木下 成哲（特別養護老人ホーム「桜の郷 元気」生活支援課課長）................... 第2章④
鈴木 敏之（介護老人福祉施設「花友にしこうじ」主任）.............................. 第2章⑤
福本 京子（医療法人「笠松会」「有吉病院」ケア部長）............................... 第2章⑥
嶋田 智子（特別養護老人ホーム「ゆうらく」介護科長）.............................. 第2章⑦
三隅 健（特別養護老人ホーム「天恵荘」介護次長）................................... 第3章①
榎本 耕（特別養護老人ホーム「ちょうふ花園」副施設長）........................... 第3章②
小川 裕美（特別養護老人ホーム「杜の風」副施設長）................................ 第3章③
萩森 直紀（特別養護老人ホーム「せんねん村」相談部係長）........................ 第3章④
千葉 芳歩（特別養護老人ホーム「一重の里」生活介護部 副部長 生活相談員）..... 第3章⑤
五十棲 恒夫（特別養護老人ホーム「天神の杜」総施設長）........................... 第4章①
本戸 伸治（特別養護老人ホーム「くわのみ荘」介護長）.............................. 第4章②
山下 聡理（特別養護老人ホーム「高秀苑」統括部長）................................ 第4章③
富井 健二（特別養護老人ホーム「三好園しんざ」業務課介護係主任）.............. 第4章④
宮本 憲男（きのこ老人保健施設 副施設長）.. 第5章①
大平 明子（社会福祉法人新生寿会グループホーム ケアマネジャー）................ 第5章①
髙橋 身奈（特別養護老人ホーム「至誠キートスホーム」ケアワーカー）............ 第5章②
川畑 篤子（特別養護老人ホーム「至誠キートスホーム」主任）...................... 第5章②

（肩書きは平成26年2月1日現在）

24Hシートは、一般社団法人日本ユニットケア推進センター　秋葉都子氏の登録商標です。

本書の無断転載・無断引用、ならびに本書を許可なく使用した研修会等を禁じます。

ケアの改善・統一に役立つ
事例でわかる　24Hシート活用ガイドブック

2014年 3 月 1 日　初版発行
2018年 1 月15日　初版第 3 刷発行

監　修　一般社団法人日本ユニットケア推進センター
発行者　荘村明彦
発行所　中央法規出版株式会社
　　　　〒110-0016　東京都台東区台東3-29-1　中央法規ビル
　　　　営　　業　TEL03-3834-5817　FAX03-3837-8037
　　　　書店窓口　TEL03-3834-5815　FAX03-3837-8035
　　　　編　　集　TEL03-3834-5812　FAX03-3837-8032
　　　　http://www.chuohoki.co.jp/
　　　　Eメール　reader@chuohoki.co.jp

装　丁　　　　はせまみ
本文イラスト　橋爪かおり
印刷・製本　　株式会社ルナテック

本書のコピー、スキャン、デジタル化等の無断複製は、著作権法上での例外を除き禁じられています。また、本書を代行業者等の第三者に依頼してコピー、スキャン、デジタル化することは、たとえ個人や家庭内での利用であっても著作権法違反です。
ISBN978-4-8058-3965-2
落丁本・乱丁本はお取り替えいたします。
定価はカバーに表示してあります。